# Tarô do
# REIKI®

*Johnny De' Carli*

# TARÔ DO REIKI®

2ª edição

NOVA SENDA

"*Reserve tempo para ler. Esta é a fonte do saber.*"
*Johnny De' Carli*

O Tarô do Reiki® é uma marca registrada, propriedade intelectual do autor Johnny De' Carli, protegida por leis federais e internacionais.
Copyright© Editora Nova Senda, 2014.

Revisão: *Auristela Maria Mendes Romeu*
Capa e diagramação: *Décio Lopes*

---

**DADOS INTERNACIONAIS DE CATALOGAÇÃO NA PUBLICAÇÃO**

---

De' Carli, Johnny

Tarô do Reiki/Johnny De' Carli – 2ª edição – São Paulo / SP – Editora Nova Senda, 2020.

Bibliografia.
ISBN 978-85-66819-04-5

1. Tarô  2. Arte Divinatória  3. Reiki  I. Título.

---

Proibida a reprodução total ou parcial desta obra, de qualquer forma ou por qualquer meio, seja eletrônico ou mecânico, inclusive por meio de processos xerográficos, incluindo ainda o uso da internet sem a permissão expressa da Editora Nova Senda, na pessoa de seu editor (Lei nº 9.610, de 19.02.1998).

Direitos exclusivos reservados para Editora Nova Senda.

EDITORA NOVA SENDA
Rua Jaboticabal, 698 – Vila Bertioga – São Paulo/SP
CEP 03188-001 | Tel. 11 2609-5787
contato@novasenda.com.br | www.novasenda.com.br

# Dedicatória

Aos meus pais Alicia Requena e Carlos De' Carli Neto, pela dádiva da vida e pela proteção, preocupação, atenção e amor com que nutriram minha infância. Desconfio que Deus, como não podia estar em toda parte, criou as mães. Depois de Deus, nossa mãe!

A minha querida esposa Rita de Cássia Lima De' Carli que, na prática da boa magia mineira, me ensina a importância do silêncio. Para os mineiros, o silêncio não comete erros.

Ao Mestre Mikao Usui, por sua honrada obra, nos trazendo o método Reiki e por tanto trabalhar para o bem do próximo.

A meus irmãos Carlos, Helio e Ricardo, por tudo o que passamos juntos em nossa infância e pela grande amizade que nos une. Como é bom ter irmãos!

A meus filhos Juliana, Diana e Daniel, pela grande experiência da paternidade e pelo amor que me dá forças para avançar.

A meus quatro primeiros netinhos Daniel, Lorenzo, Maria Lídia e Maria Clara, por mais esta grande experiência nesta vida.

À minha nora e genros Geani, Clayton e Lorenzo, por me presentearem com lindos netos e fazerem meus filhos e netos tão felizes.

A família é uma das obras-primas da Natureza!

Também a você, que vive e trabalha para o bem.

> *"O tempo passado com seus filhos e netos nunca é desperdiçado."*
> Johnny De' Carli

# Sumário

Agradecimento ..................................................................9
Apresentação .................................................................11
Prefácio ...........................................................................15
Prólogo ...........................................................................19
Introdução .....................................................................21
1. As Ciências Divinatórias ..........................................25
2. O Começo desta História ........................................29
3. O Tarô do Reiki .......................................................47
4. O Arcano Universal do Tarô do Reiki ....................55
5. O Ambiente Ideal para Atender com o Tarô do Reiki ..... 59
6. Roteiro de Atendimento com o Tarô do Reiki .......81
7. Métodos de Leitura .................................................85
8. O Significado de cada um dos 22 traços
   do Tarô do Reiki ......................................................89
   *Traço I* ................................................................. *90*
   *Traço II* ................................................................ *92*
   *Traço III* .............................................................. *95*

"Não basta ler, é necessário compreender o que se lê."
Johnny De' Carli

| | |
|---|---:|
| *Traço IV* | *98* |
| *Traço V* | *101* |
| *Traço VI* | *104* |
| *Traço VII* | *106* |
| *Traço VIII* | *109* |
| *Traço IX* | *112* |
| *Traço X* | *115* |
| *Traço XI* | *117* |
| *Traço XII* | *119* |
| *Traço XIII* | *122* |
| *Traço XIV* | *125* |
| *Traço XV* | *128* |
| *Traço XVI* | *131* |
| *Traço XVII* | *133* |
| *Traço XVIII* | *135* |
| *Traço XIX* | *137* |
| *Traço XX* | *139* |
| *Traço XXI* | *141* |
| *Traço XXII* | *143* |
| 9. A Comodidade e o Conforto do Consulente e do Tarólogo | 147 |
| 10. O Tarô do Reiki e o Dinheiro | 151 |
| 11. Considerações Finais | 155 |
| Posfácio | 157 |
| Instituto Brasileiro de Pesquisas e Difusão do Reiki | 158 |
| Bibliografia | 159 |

*"Comece desde já a escrever, se quiser ser escritor."*
Johnny De' Carli

# Agradecimento

Agradeço primeiramente a Deus e a meus pais pela experiência desta vida.

Agradeço aos meus mentores espirituais, que me assistem em todas as etapas do caminho, irradiando a chama da verdade.

Agradeço a minha combatente esposa Rita de Cássia Lima De' Carli, pelo Prefácio e o apoio fundamental para a realização de mais esta obra.

Agradeço ao editor Décio Lopes, da Editora Nova Senda, por editar este meu trabalho.

Agradeço à Auristela Maria Mendes Romeu, à Claudiane Andre de Sousa, à Maria do Socorro Portela Oliveira (Andreza), à Ivone Ferreira, à Adélia Aparecida Silva Teófilo e à Maria Helena Ramalho (*in memoriam*), pelo suporte operacional.

Agradeço ao meu sobrinho Carlos Ricardo Stone De' Carli, por me presentear com o livro *O Diário de um Mago*, de Paulo Coelho, que narra a peregrinação do autor no Caminho de Santiago de Compostela, o qual me despertou para realizar esta viagem, ocasião que nasceu este livro.

Agradeço ao meu guia, o Mestre de Reiki de Madrid Jaime Cabrero, por me conduzir com tanta alegria pelas

*"Um bom cônjuge é o melhor remédio caseiro que existe."*
Johnny De' Carli

estradas da Galícia – Espanha, nos meses de junho e julho de 2014.

Agradeço ao Mestre de Reiki Eduardo Cesar Portela, pelas boas vibrações emanadas durante minha peregrinação.

Agradeço aos meus alunos, que me procuraram para aprender e acabaram sendo meus grandes e maiores mestres. Não encontro palavras para expressar o quanto lhes sou grato, por me mostrarem que sempre tenho muito a aprender.

*"Agradeço às pessoas que me rejeitaram e me disseram não. Por causa delas, agi por mim mesmo e cheguei até aqui."*
Johnny De' Carli

# Apresentação

Meu livro mais recente sobre o método Reiki foi o *Reiki, Como Filosofia de Vida*, Editora Isis – São Paulo, lançado oficialmente na Bienal Internacional do Livro, em São Paulo, no mês de agosto de 2012. Desde então, vinha buscando escrever para meus alunos e leitores, algo que fosse totalmente novo para a comunidade reikiana. Essa Luz somente começou a chegar, exatamente um ano depois, na situação que narrarei a seguir.

Rita e eu planejamos a nossa agenda anual de cursos, seminários, palestras, eventos, congressos, viagens de crescimento e outros compromissos, já em janeiro de cada ano. Dessa forma, permite que as pessoas possam se organizar previamente e que comecem a se inscrever, nos diferentes eventos, imediatamente. Muitas vezes, nossos cursos ficam lotados com 90 dias de antecedência. Cancelar um evento, só se for da vontade de Deus ou por um motivo muito sério; situações que ocorreram poucas vezes nesses últimos 20 anos dedicados ao ensino e à difusão do método Reiki.

No início do mês de agosto de 2013, recebi o telefonema de meu amado irmão caçula, Carlos Ricardo De' Carli,

*"O novo está sempre dentro de cada ser."*
Johnny De' Carli

também Engenheiro Agrônomo, informando que seu filho mais velho, meu também amado sobrinho Carlos Ricardo Stone De' Carli, noivo há algum tempo, iria se casar no dia 30 daquele mês, em Macapá, capital do Amapá. Comunicava que seria uma cerimônia civil simples e, na mesma noite, uma cerimônia kardecista exclusiva para a família. Lamentei retornando que nessa mesma data tínhamos um curso agendado, já praticamente lotado.

Veio-me o conflito entre a palavra dada aos alunos, o compromisso com o trabalho, a responsabilidade assumida e a energia que vem do coração: o amor. Orei pedindo um esclarecimento, meditei, refleti e tomei a decisão de ir ao casamento. Disse a Rita: *"Se fosse um enterro, cancelaríamos o curso e iríamos nos juntar à família num momento de sofrimento. Decidi que nos reuniríamos com a mesma num momento de alegria!"*

Ela prontamente acatou e apoiou minha decisão. Adiamos o curso. Compramos dois bilhetes aéreos com os trechos: São Paulo – Brasília; Brasília – Belém e, posteriormente, Belém – Macapá, já no Hemisfério Norte. Chamou-nos a atenção que uma viagem interna no Brasil pudesse ter um custo superior a uma viagem para a Europa. Tenho a certeza de que foi muito bom, faria tudo outra vez. Estivemos com minha mãe, irmão, cunhada e sobrinhos. No dia seguinte, fomos todos a um hotel de selva, passar a "Lua de Mel" com o casal, presente dado por minha mãe.

Nessa viagem, depois de manifestar essa intenção, ganhei um livro usado, mas em excelente estado de conservação, que ainda não tinha lido, de meu sobrinho que acabara de se casar: a obra O Diário de um Mago, de Paulo Coelho,

*"Ouça os sinais internos que o ajudam a tomar decisões corretas, sem se importar com o que os outros pensem."*
Johnny De' Carli

Editora Planeta, de 1987. Foi o primeiro livro escrito por esse renomado autor brasileiro. O livro foi gentilmente dedicado por meu sobrinho com os seguintes dizeres:

"*Macapá/AP, 31/08/13*

*Amado Tio Johnny,*

*Fico muito feliz com a sua presença em meu casamento, um dos eventos mais importantes em minha vida. Saiba que você é um exemplo para mim. Continue sendo esse farol de Luz. Um dos guias de nossa peregrinação.*

*Com carinho,*
*Ricardinho*

*P.S. Obrigado pela caneta!*"

Li o livro com muita atenção, que é um diário que narra a peregrinação do autor Paulo Coelho, no Caminho de Santiago de Compostela – Espanha, em busca de sua "espada" (missão, conhecimento e sabedoria), o que, ninguém tem dúvidas, ocorreu. Tomei a decisão de fazer o Caminho de Santiago de Compostela a fim de receber um esclarecimento do "Alto", para um novo livro. A questão era: "quando peregrinar?" Já que somos tão ocupados.

Em janeiro de 2014, planejando a agenda para esse ano, deparamo-nos com a situação da "Copa do Mundo de 2014" que aconteceria nesse ano de 12 de junho a 13 de julho, em nosso país. Como não gostamos de muita agitação, tomamos a decisão de ir à Espanha, nesse mesmo período, a fim de escrever um novo livro, este que você começa a ler nesse momento.

> "Não permita que o que você é interfira no que você poderá vir a ser."
> *Johnny De' Carli*

No dia 10 de junho de 2014 – uma terça-feira – decolei, juntamente com minha esposa, às 22h50min, pela TAM, do aeroporto de Guarulhos rumo a Madrid. Pegamos um voo de retorno no dia 11 de julho, o que permitiu que ainda assistíssemos ao jogo final da Copa do Mundo, que culminou com o tetracampeonato da Alemanha. O livro *Tarô do Reiki* nasceu nesse período de 31 dias de introspecção, em solo sagrado espanhol de peregrinação. Nesta mesma viagem, a exemplo do que fazemos todos os anos em Machu Picchu – Peru, decidimos retornar anualmente ao Caminho de Santiago de Compostela, a fim de peregrinar com os nossos alunos de Reiki, para que todos possam ter as suas próprias experiências. Além do livro, nasceu uma nova, prazerosa e espiritual atividade para nós. Fica aqui o nosso convite para que você nos acompanhe, numa de nossas jornadas.

Luzes no coração de todos.

*"Todo o Universo flui como a água. Para senti-lo, não o retenha, simplesmente abra as suas mãos."*

Johnny De' Carli

# Prefácio

Quando Johnny De' Carli me convidou para prefaciar seu novo livro, confesso que tive três momentos de distintas emoções: no primeiro, fiquei surpresa; no segundo momento, senti-me honrada e, por último, estou agradecida pela oportunidade.

Esta nova obra que ele nos apresenta é um convite a lançar um novo olhar para o uso da energia Reiki, sob a perspectiva do Tarô e das letras hebraicas. A associação destas energias resultou neste belíssimo trabalho que ele nos presenteou.

Em todas as obras de Johnny De' Carli, como sua esposa e sócia, fui cúmplice de incontáveis momentos onde a espiritualidade se fazia presente para uma conclusão importante de suas obras, ele – com todo o seu amor pelo que faz – se colocava ali, pronto, disponível, receptivo, independente da hora ou do tempo que aquele momento fosse durar. Sua primeira preocupação era ser sempre o mais fiel possível com o seu público, sempre tão carinhoso.

Neste seu novo livro, *Tarô do Reiki*, não foi diferente.

Eu sempre gostei muito do Tarô e sempre estudei o assunto. Desde que lancei meu livro sobre este tema, Johnny

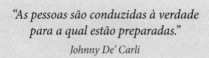

*"As pessoas são conduzidas à verdade para a qual estão preparadas."*
Johnny De' Carli

vem se envolvendo com esta energia, até que fez a ligação com o fato de Mikao Usui, o descobridor do método Reiki, ter estudado ciências divinatórias, como informa a lápide que se encontra no seu túmulo no Japão.

A partir desta informação e posterior reflexão, a intuição permeou forte o seu coração e Johnny fez a associação dos 22 Arcanos Maiores do Tarô aos 22 traços do terceiro símbolo do Reiki, o *Hon Sha Ze Sho Nen*.

A ideia foi aos poucos sendo intuída, amadurecida e organizada. E eu, ao seu lado sempre, me surpreendo e nunca me acostumo com isto...

É maravilhoso e emocionante ter a percepção de que algo é preparado no Alto e colocado em suas mãos para que ele transforme em livro e vê-lo, com tanta competência, humildade e sabedoria, fazendo uso da melhor forma possível, em respeito a si mesmo e ao seu leitor, daquilo que lhe foi confiado! Deixa-me infinitamente feliz e orgulhosa.

Foi, então, que decidimos que para ele escrever sobre o Reiki, associando-o ao Tarô, seria importante que ele vivenciasse cada Arcano Maior do Tarô isoladamente, a fim de uma melhor compreensão e efetivação dentro do seu coração.

Estávamos com uma viagem marcada para a Espanha, onde também trabalhamos, e iríamos até Santiago de Compostela, fazendo o *Caminho do Peregrino*. Resolvemos, dessa maneira, que faríamos a experiência com os arcanos ao longo desta viagem; sendo, no mínimo, um arcano por dia, ou seja, teríamos uma vivência de pelo menos 22 dias. No dia 10/06/2014, embarcamos para a Espanha sob a energia do "Arcano 0 – O Louco", data em que Johnny começou a

*"Foi preciso percorrer cada curva do caminho para chegarmos até aqui."*

Johnny De' Carli

escrever este seu novo livro, com encerramento no dia em 22/07/2014 (40 dias aproximadamente).

Este período foi repleto de experiências e de lugares também diferentes; impulsionou um novo ciclo para nós dois no nível de trabalho e novos projetos. Começamos nossa passagem pela cidade de Tarragona, com cursos e novos compromissos; seguimos para Madrid, permeando nossa estada com mais cursos e reuniões de trabalho, e dali para a Galícia, rumo ao *Caminho do Peregrino*, até Santiago de Compostela. Johnny se mostrava incansável, escrevendo.

Foram dias maravilhosos e enriquecedores para este novo propósito, o *Tarô do Reiki*. Johnny foi perseverante, resoluto; lidou com maestria com as diferentes energias que se abateram sobre nós durante a vivência com os Arcanos Maiores do Tarô.

Concluímos este processo, e Johnny, o seu livro em nosso retorno aqui no Brasil. Diante de tudo o que sentimos nesta grande experiência, não tenho dúvidas da magnitude que representou essa peregrinação e da importância da mesma para o desenvolvimento deste trabalho que está sendo trazido ao leitor, o qual poderá ser visto mais à frente.

A você leitor, espero que aprecie e que sinta nas entrelinhas todo o amor e dedicação colocados pelo autor.

A você querido Johnny, parabéns por mais este trabalho! Obrigada por me deixar fazer parte dele e da sua vida. Que ele seja um sucesso e que traga infinitas alegrias para o seu grande coração...

Eu te amo!!!

Rita de Cássia Lima De' Carli

> *"Selecione muito bem seu cônjuge. Dessa escolha única resultará, pelo menos, metade de toda a sua felicidade."*
> Johnny De' Carli

"Valoriza-se mais o que é conquistado com dificuldade."
Johnny De' Carli

# Prólogo

Facilmente se faz uma associação entre o Caminho do Reiki *(Reiki-Dô)* e o Caminho do Tarô (Caminho do Louco). Na simbologia do *Tarô de Waite*, Rita De' Carli, minha esposa, escreve que, no Arcano "O Louco", as montanhas geladas significam o quanto ele deverá escalar para a busca do autoconhecimento. A trouxa que ele carrega simboliza sua pouca experiência ou, quem sabe, um conhecimento que ele possui, mas do qual não faz uso. A flor branca na mão traduz a pureza e a inocência do espírito em busca do conhecimento. 0 (zero) é o seu número, o estado que antecede o início, é o começo absoluto; o zero origina todas as coisas. Esse é também o perfil da pessoa que toma a decisão de ser iniciada no Reiki, seria o Reikiano de Nível Zero. "O Louco" não é o início nem o fim, pode ser as duas coisas, o 0 (zero) ou o XXII, assim como um bom Mestre de Reiki que passa a entender ser um eterno aprendiz.

> *"Seu futuro estará sempre ligado àquilo que está fazendo no momento presente."*
> Johnny De' Carli

*"Esteja sempre melhor preparado
do que acha que vai precisar."*
Johnny De' Carli

# Introdução

Logo após a transição do Mestre Mikao Usui, descobridor do Reiki, um memorial foi construído pela organização de Reiki *Usui Reiki Ryoho Gakkai*, em fevereiro de 1927, e por ela é mantido até hoje. A sepultura e o memorial do Mestre Usui estão localizados em um cemitério público, junto ao Templo Saihoji, no distrito Sujinami, em Tóquio. O memorial consiste de uma única grande pedra de cerca de 1,20 m de largura e 2,50 m de altura. Nela, escritos em antigo *kanji* japonês, encontra-se uma inscrição sobre a vida de Mikao Usui, a experiência da descoberta e o uso do método Reiki. Perto da pedra foram colocadas as cinzas de Usui, juntamente com as de sua mulher e de seu filho Fuji.

A palavra mais clara é sempre aquela que é verdadeira: no memorial não há lendas. O texto foi escrito por Juzaburo Ushida, que se tornou Presidente da *Usui Reiki Ryoho Gakkai*, após a morte de Mikao Usui e foi editado por Masayuki Okada, doutor em literatura e membro da organização *Usui Reiki Ryoho Gakkai*.

O japonês antigo, utilizado até o ano de 1945, é de difícil compreensão, inclusive para os próprios japoneses mais jovens.

*"No Reiki, a parte do conhecimento que ignoramos será sempre muito maior do que tudo que já aprendemos."*
Johnny De' Carli

A tradução para o japonês moderno foi feita pelo Mestre Doi Hiroshi, membro ativo da *Gakkai*, em 1º de janeiro de 1998, na cidade de Ashiya. A tradução para o inglês foi feita por Tetsuyuki Ono, em 19 de junho de 1998, na cidade de Takarazuka. Em outubro de 1998, quando estive no Japão pela primeira vez, recebi esta tradução das mãos de meu Mestre de Reiki, Fuminori Aoki. Pedi à Mestre de Reiki Elizabeth Barros de Sá, minha aluna em Copacabana – RJ, professora de inglês e português, que providenciasse a tradução para o português, concluída em 18 de novembro de 1998. A tradução foi publicada pela primeira vez, no Ocidente, em meu segundo livro (*Reiki, A Terapia do Terceiro Milênio*, em janeiro de 1999). Em parte da mensagem da grande pedra que compõe o memorial, aparece a seguinte informação:

*Mestre Mikao Usui*

> *"... Detinha uma vasta gama de conhecimentos, desde História, Ciência Médica, Cristianismo e Budismo, Psicologia, até o mágico reino das fadas, CIÊNCIAS DIVINATÓRIAS (o grifo é nosso) e fisiognomonia..."*

Refletindo sobre a citação acima, não ficam dúvidas de que o Reiki, além de ser uma técnica terapêutica e uma filosofia de vida extremamente eficaz, foi complementado, de alguma forma, com as ciências divinatórias pelo Mestre Mikao Usui.

> *"Um mestre é literalmente uma pessoa que sabe o que está fazendo."*
> Johnny De' Carli

O Mestre Fuminori Aoki e Johnny De' Carli, em Tóquio, durante visita ao túmulo do Mestre Usui, em 09 de janeiro de 2002, último dia de treinamento de Reiki Tradicional Japonês.

"Verdades são sempre as alegações mais poderosas."
Johnny De' Carli

*Memorial ao Mestre Mikao Usui, construído em 1927
e mantido pela "**Usui Reiki Ryoho Gakkai**".
Tóquio — Japão, visita em novembro de 1998.*

*"Nunca se realizou nada de grande sem entusiasmo."*
Johnny De' Carli

## Capítulo 1

# As Ciências Divinatórias

Ciência é uma palavra que deriva do termo latino *scientia*, que significa conhecimento ou saber. Atualmente, se designa por ciência todo o conhecimento adquirido através do estudo ou da prática, baseado em princípios certos.

Lamentavelmente, ainda há muito preconceito envolvendo as "Ciências Divinatórias". Certa vez, disse Albert Einstein:

> *"Triste época! É mais fácil desintegrar um átomo do que um preconceito."*

**Albert Einstein**
(14/03/1879 – 18/04/1955)

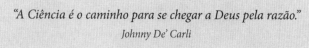

*"A Ciência é o caminho para se chegar a Deus pela razão."*
Johnny De' Carli

O termo "divinatória" vem do latim *divinare*, que significa: predizer, prever o futuro, adivinhar ou pressentir. Divinação ou adivinhação é o ato ou esforço de predizer coisas distantes no tempo e no espaço, especialmente o resultado incerto das atividades humanas. A divinação busca determinar o significado ou as causas ocultas dos acontecimentos, predizendo às vezes o futuro, por meio de práticas variadas. As técnicas divinatórias têm como base um oráculo e/ou recursos "místicos", tais como: interpretação dos sonhos, astrologia, numerologia, bolas de cristal, cartas de tarô, baralho cigano, runas, búzios, cafeomancia, tábuas ouija, pêndulos, etc.

É uma arte milenar, tanto que é possível encontrar na Bíblia inúmeras passagens onde as pessoas faziam uso da divinação. Por exemplo: na Israel antiga, os sacerdotes faziam uso de duas pedras de nomes Urim e Tumim para obterem as respostas convencionadas por "sim" ou "não".

Rita De' Carli, em seu livro de Tarô, diz que:

*"A divinação é uma porta de acesso para outra realidade que nunca entraremos se mantivermos nosso pensamento racional e linear. No momento que aceitarmos a existência de outra realidade paralela a nossa, tudo se torna mais claro. Para começarmos, devemos olhar para o tempo de uma forma diferente, não como nós o conhecemos no sentido de passado, presente e futuro, onde tudo é uma linha reta. Tentemos olhar para o tempo como uma unicidade em que o passado, o presente e o futuro se encontram todos ao mesmo tempo, numa aparente aleatoriedade.*

"*Nada que você imagina é impossível.*"
Johnny De' Carli

*Poderíamos, então, entender que todas as informações já existem dentro de um todo e que, num determinado momento, podemos acessar uma partícula deste todo e assim trazemos toda informação desejada até a nossa percepção.*

*Seria como buscar informações num computador, elas existem em algum lugar invisível aos nossos sentidos, mas quando ligamos o equipamento conseguimos trazer a informação até nós.*

*Nossa vida não está toda traçada. O que existe são probabilidades, são caminhos a seguir e nós podemos modificar a situação para melhor ou para pior. Seria como ligar um rádio e escolher a música que mais nos agrada.*

*É dessa forma que devemos entender as informações que nos chegam pelos oráculos. Elas já existem num arquivo intemporal que podemos acessar por meio do conhecimento prévio da simbologia e estrutura das lâminas associadas com a nossa intuição."*

"Não conte os seus segredos e a sua intimidade a nenhuma pessoa, se não quer que outros saibam."
Johnny De' Carli

## Capítulo 2

# O Começo desta História

O oráculo *Tarô do Reiki* nasceu da observação do Símbolo do Reiki *Hon Sha Ze Sho Nen*.

*Hon Sha Ze Sho Nen*

Esse é o terceiro símbolo do grupo e tem origem nos *kanjis* do Japão. Ele é formado por cinco *kanjis*, conforme a tabela apresentada a seguir.

> *"O Universo não está contido em coisa alguma, ele contém a si próprio."*
> Johnny De' Carli

| | | |
|---|---|---|
| 本 | Hon | fonte, origem, livro |
| 者 | Sha | pessoa |
| 是 | Ze | direito, somente |
| 正 | Sho | correto |
| 念 | Nen | pensamento, ideia, desejo |

A tradução do *mantra Hon Sha Ze Sho Nen* como "Nem passado, nem presente, nem futuro." nos proporciona uma indicação de seus múltiplos usos. Pode ser traduzido, também, como o cumprimento budista *Namastê*: "O Deus que existe em mim saúda o Deus que existe em você." ou, como prefiro usar nos meus seminários, "A casa da luz brilhante (o Sol) vem a mim neste momento."

A maior parte das pessoas precisa de algum tempo para memorizá-lo e poder desenhá-lo corretamente. Devemos praticar seguindo a ordem correta demonstrada pelos traços mais finos, para que fique o mais parecido possível com a ilustração. A sequência dos traços é fundamental e deve ser respeitada, pois cada um tem seu significado (veja a tabela demonstrativa a seguir) como parte integrante de uma verdadeira fórmula de captação de energia. O Símbolo do Reiki *Hon Sha Ze Sho Nen*

*"Aprendas bem e ensinarás sem medo."*
Johnny De' Carli

# Significado de cada traço do *Hon Sha Ze Sho Nen*

| | | |
|---|---|---|
| 1 | 本 | O Céu |
| 2 | 本 | desce à Terra |
| 3 | 本 | e cria |
| 4 | 本 | o ser humano |
| 5 | 本 | o Céu (a Consciência Divina) está dentro do homem |
| 6 | 在 | o homem tenta construir o Céu na Terra (viver com Deus na Terra) |
| 7 | 在 | o Céu desce à Terra através dos atos dos homens |
| 8 | 在 | e o homem cria a casa de Deus |
| 9 | 在 | |
| 10 | 在 | |

*"Aprender errado é pior que ignorar."*
*Johnny De' Carli*

| 11 | | o Céu só está dentro da casa de Deus |
|---|---|---|
| 12 | | o Céu só existe por causa da casa de Deus |
| 13 | | o Céu só se manifesta na casa de Deus |
| 14 | | só os homens de Deus merecem o Céu (êxodo) |
| 15 | | Deus manda alguém lembrar que estamos errados (o Céu desce à Terra fora da casa de Deus) |
| 16 | | o homem impuro |
| 17 | | |
| 18 | | os homens impuros ganham o Céu |
| 19 | | o homem impuro traz o Céu à Terra |
| 20 | | a morte ou fim de tudo |
| 21 | | nascimento |
| 22 | | salvação aos filhos dos seus filhos |

*"Se você só acredita no que vê, está limitado ao que se encontra na superfície."*

Johnny De' Carli

conta a história da humanidade, de Gênesis ao Apocalipse (traços de 19 a 22). Tenho observado uma grande variação de traçados para esse símbolo e oriento meus alunos a utilizarem qualquer versão que estejam acostumados a empregar. Todas elas funcionam. Após minha viagem ao Japão, adotei a forma utilizada pelo Mestre Mikao Usui, conforme a apresentação neste livro.

Esse símbolo, além de outras utilizações, dirige a energia para atuar sobre a mente consciente, o corpo mental. Esta conexão se deve ao Símbolo *Hon Sha Ze Sho Nen* nos ligar à energia do Sol e ao Elemento Fogo.

Considero esse símbolo o mais impressionante do grupo. Ele vai além dos limites da nossa compreensão lógica. É usado para enviar energia Reiki à distância, para pessoas ausentes, superando os limites físicos (não precisa haver o toque físico das mãos). A barreira da distância entre o praticante e o receptor deixa de existir. Se, no Nível 1, tínhamos dificuldades para aplicar energia Reiki em animais ou em uma criança irrequieta, agora podemos fazê-lo sem a necessidade do toque. A energia Reiki pode ser enviada ao outro lado de uma sala, a outro bairro, a outra cidade ou país com a mesma eficiência. A física quântica chama esse fenômeno de *continuum* de tempo-espaço. A onda quântica é uma onda que se move mais depressa que a velocidade da luz (300.000 km/s). Não havendo o conceito de espaço, grandes estruturas como um prédio, um hospital, um país e até o planeta podem ser acessadas com esse símbolo. Quando acionamos o Símbolo *Hon Sha Ze Sho Nen*, provocamos, literalmente, a abertura de um portal interdimensional,

*"O tempo caminha em velocidade diferente."*
Johnny De' Carli

imperceptível aos nossos limitados cinco sentidos físicos, o qual nos abre a possibilidade de aplicar a energia Reiki à distância. Esse símbolo é uma ponte para outros seres, mundos ou níveis de percepção. Acredita-se que no Triângulo das Bermudas o fenômeno do desaparecimento de dezenas de embarcações e aviões se dava quando os mesmos acessavam um desses portais.

O tempo linear é uma ilusão, que pode ser transformada. Dentro da experiência mística do método Reiki, o conceito de tempo comum deixa de existir. O *Hon Sha Ze Sho Nen* é um instrumento de intervenção nas ondas quânticas, levando a um *continuum* de tempo, onde são rompidas ligações de tempo passado, presente e futuro. Podemos tratar algo que já aconteceu ou irá acontecer. É incrível! Mandando energia para um trauma do passado, pelo "efeito dominó" nosso presente e futuro também se alteram. Esse símbolo é de grande benefício. Não podemos desfazer aquilo que já ocorreu, mas podemos trazer luz, compreensão e amor para esse fato do passado no presente. O trauma será suavizado ou harmonizado, transformando os efeitos e resultados percebidos na nossa atualidade. Quando entendemos que nossa noção de tempo é equivocada, passamos a viver melhor, com mais harmonia.

Quando enviada ao futuro, a energia Reiki pode ser armazenada ou acumulada, como se fosse uma pilha ou bateria, que será recebida na hora previamente determinada. O efeito será o mesmo de uma aplicação feita naquele exato momento. Isso é muito útil para qualquer ocasião prevista que precise de energia amorosa. Podemos usá-lo para uma situação futura, como uma entrevista de emprego, uma audiência na justiça,

"A experiência é o caminho mais seguro
para se aprender algo."
*Johnny De' Carli*

uma consulta odontológica, uma viagem aérea ou de barco, uma reunião qualquer, uma prova de vestibular, concurso ou qualquer situação de estresse. Se você quiser, pode até trabalhar o momento de seu desencarne. Seu corpo receberá a energia Reiki na hora planejada. A energia pode ser programada para se repetir quantas vezes quisermos: uma vez por hora, duas vezes por dia, etc. Logicamente, devemos impor um limite, para que a repetição ocorra até que o objetivo seja alcançado; caso contrário, a energia continuará sendo transmitida desnecessariamente.

O *Hon Sha Ze Sho Nen* é uma via de acesso aos registros akásicos, ou seja, uma de suas utilizações é tratar o carma.

Os registros akásicos descrevem a dívida cármica, as obrigações, compromissos, destino, débitos, contratos e propósitos de cada um. As pendências cármicas poderão ser amenizadas quando, pela expansão da nossa consciência, compreendermos que agimos de forma errada em determinada ocasião. Se você atingir a compreensão dos seus atos irregulares, que vão contra as leis da divindade, poderá minimizar o seu aprendizado por meio da dor. Carma não é castigo.

Esse símbolo pode ser utilizado, também, para o tratamento de algo não palpável, como uma relação entre duas pessoas, que experimentará mais compreensão, tolerância, relaxamento e harmonia. Podemos tratar uma depressão ou qualquer outra situação abstrata. Podemos usar esse tratamento até em desencarnados.

Observa-se na versão original do Símbolo *Hon Sha Ze Sho Nen* a existência de 22 traços. O *Tarô do Reiki* foi fundamentado sobre cada um destes 22 traços.

> *"Faça uma reciclagem interior.*
> *Reavalie seus conceitos."*
> Johnny De' Carli

## Outras evidências com o número 22

### 1922, o ano da descoberta do Reiki por Mikao Usui

Consta, em Tóquio, em parte da inscrição talhada no memorial a Mikao Usui: *"O Mestre Usui mudou sua residência para Aoyama Harajuku, Tóquio, em abril de 1922, onde estabeleceu um instituto no qual o tratamento com a energia Reiki era amplamente ministrado ao público. As pessoas, vindas de todas as distâncias para pedir orientação e tratamento para seus problemas de saúde, faziam enormes filas."*

Certa vez, disse Albert Einstein: *"Deus não joga dados com o universo"*. Einstein quis nos dizer que Deus não faz nada por acaso; para tudo há uma finalidade, inclusive a escolha do ano de 1922 para enviar à humanidade algo tão perfeito quanto o Reiki.

### Os 22 dias de jejum e meditação de Mikao Usui

Consta, também, o seguinte registro no memorial a Mikao Usui: *"Um dia, o Sr. Usui subiu o Monte Kurama, onde iniciou penitência. Enquanto jejuava, sentiu, no 22º dia, a grande energia Reiki sobre a cabeça. Assim, ao mesmo tempo em que era despertado espiritualmente, adquiria o poder terapêutico da energia Reiki."*

Certa vez, disse Albert Einstein: *"Deus não nos fez perfeitos e não escolhe os capacitados, capacita os escolhidos."* Mikao Usui foi um escolhido, foi iniciado no Reiki diretamente por Deus, após 22 dias de jejum e meditação. Eis uma prova clara dos mistérios de Deus relacionados ao número 22.

> *"Procure ver em cada situação um motivo de aprendizado."*
> Johnny De' Carli

## Os 22 Mestres de Reiki de Hawayo Takata

Hawayo Takata, em 21 de fevereiro de 1938, foi a primeira mulher iniciada como Mestre de Reiki no Ocidente, permanecendo única até o ano de 1970. Takata tornou-se uma grande reikiana e introduziu o método Reiki no mundo ocidental. Durante 30 anos, ministrou seminários e tratou pessoas, garantindo, assim, a divulgação do método Reiki no mundo. Acredita-se que os elevados preços cobrados pela Mestre Hawayo Takata, para o curso de Mestrado em Reiki (10 mil dólares à época, o suficiente para comprar uma bela mansão), foi a maneira encontrada por ela para limitar a quantidade de Mestres de Reiki ativos após sua morte. Em 1970, Takata sentiu a necessidade de passar a totalidade dos ensinamentos e iniciou 22 Mestres, dando-lhes permissão para formarem novos Mestres após sua morte, ocorrida em 12 de dezembro de 1980. Acredita-se que essa quantidade de 22 Mestres foi o grande motivo que fez do Reiki uma das técnicas de maior expansão na atualidade. Os Mestres iniciados foram (em ordem alfabética):

01. Bárbara Brown;
02. Bárbara McCullough;
03. Barbara Weber Ray;
04. Beth Gray;
05. Bethel Phaigh;
06. Dorothy Baba;
07. Ethel Lombardi;
08. Fran Brown;
09. George Araki;
10. Harru Kuboi;

> *"No verdadeiro Caminho do Reiki,*
> *reter conhecimento é perecer."*
> Johnny De' Carli

11. Iris Ishikuro;
12. John Gray;
13. Kay Yamashita (irmã de Hawayo Takata);
14. Mary McFadyen;
15. Patrícia Bowling;
16. Paul Mitchell;
17. Phyllis Lei Furumoto (neta de Takata);
18. Rick Bockner;
19. Shinobu Saito;
20. Ursula Baylow;
21. Virgínia Samdahl;
22. Wanja Twan.

### O 122º Imperador do Japão, o Imperador do Reiki

O Imperador Meiji nasceu no dia 03/11/1852. Em sua homenagem, é feriado nacional no Japão: o "Dia Nacional da Cultura".

*Imperador Meiji*

Depois de 256 anos de regime feudal, o Japão se abriu para uma nova era com o Imperador Mutsuhito, conhecido como o Imperador Meiji, que significa *Regime Iluminado*, em fevereiro de 1867. Os quatro anos seguintes foram anos de restauração, de profundas mudanças políticas e socioeconômicas para o Japão. As reformas econômicas prepararam o Japão para o capitalismo; a moeda, o Banco do Japão,

*"É bem melhor viver norteado por hábitos que por regras. Os hábitos não são impostos para você segui-los; você não precisa conservá-los, eles conservam você."*

Johnny De' Carli

ferrovias e universidades foram criados; o ensino primário passou a ser obrigatório. Com o processo de modernização, o Japão fortaleceu sua economia e esse processo foi monitorado e subsidiado pelo governo Meiji, que promovia intercâmbios no Ocidente, buscando conhecimentos em diversas áreas e fortalecendo as bases do domínio imperial. O governo Meiji e os conglomerados industriais buscaram tecnologias ocidentais, expandindo rapidamente a economia industrial, levando o Japão a ser a primeira nação industrializada da Ásia. O Imperador Meiji faleceu em julho de 1912 e governou por 45 anos, período em que o Japão se tornou uma potência mundial com acelerada modernização.

Certa vez o cientista Isaac Newton disse: *"Eu avistei mais longe que muitos porque fiquei de pé em ombros de gigantes"*. O Imperador Meiji foi um desses "gigantes" e o Mestre Mikao Usui foi um grande admirador dele. Os 5 Princípios do Reiki, o alicerce da parte filosófica do Reiki, vieram desse Imperador. O Mestre Usui também selecionou 125 de seus poemas para usar nas suas reuniões do Método Reiki. Curiosamente, este foi o Imperador de número 122.

As pessoas que fazem história não têm tempo de escrevê-la. A exemplo de Jesus e Buda, o Mestre Mikao Usui não deixou nada escrito de seu próprio punho. Há muito poucos documentos oficiais no Reiki, basicamente há somente dois: a apostila conhecida como *Usui Reiki Ryoho Hikkei*, em que há uma importante entrevista concedida pelo próprio Mestre Usui e a escritura talhada no memorial a Mikao Usui, escrita logo após a morte do Mestre Usui, pelas pessoas mais próximas a ele. Em ambos os documentos, o Imperador Meiji é citado. Segue um dos poemas do Imperador, selecionado pelo

*"Você encontra as respostas que precisa dentro de si."*
Johnny De' Carli

Mestre Mikao Usui, para compor a apostila que era entregue a seus alunos:

> *"Conduzo o país de tal maneira que seja visto como bom. Faço o meu melhor, usando minhas capacidades ao máximo."*
>
> Imperador Meiji

## O Tarô e seus 22 Arcanos Maiores

O Tarô é um dos oráculos mais antigos, famosos, populares, conhecidos, respeitados e aceitos em todo o mundo. A palavra Tarô, assim como sua história, é um mistério até os dias atuais, por isso, diferentes teorias surgiram sobre seu significado. Há quem associe o Tarô à Cabala, vislumbram a origem desta palavra na Torah, que trata dos cinco primeiros livros do Antigo Testamento. Outros acreditam na origem egípcia do Tarô, a palavra deriva da combinação "Tar: *caminho*" e "Ros: *real*", que significa "*caminho real*". É composto por 22 Arcanos Maiores; conforme já dito, Arcano significa mistério, aquilo que está oculto, a "chave" necessária para a compreensão de algo. Estes Arcanos nos remetem a um caminho de evolução espiritual, é a jornada do indivíduo para a compreensão do Eu. Eles representam o macrocosmo e são considerados instrumentos importantíssimos de meditação, pois mostram toda a trajetória do ser humano. Por isso que o Tarô, com os seus 22 Arcanos Maiores, é uma orientação pessoal. Ele organiza as ideias, clareia o caminho e é altamente terapêutico. Sua função é mostrar, é iluminar, é dar um entendimento daquilo que está implícito no nosso eu para,

> *"Muitos caminhos levam ao topo da montanha. Todos conduzem até lá, mas nenhum é único."*
>
> Johnny De' Carli

a partir daí, buscarmos uma compreensão do que precisa ser transformado para se alcançar uma nova consciência.

## As 22 letras do alfabeto hebraico

O competente Rabino Joseph Saltoun ensina que o Universo apresenta um tipo de DNA espiritual, esse código é composto por 22 vibrações energéticas distintas. Abraão, o patriarca do Judaísmo – a primeira e a mais antiga das três grandes religiões monoteístas, da qual, posteriormente, derivaram o Cristianismo e o Islamismo -, identificou essas 22 vibrações conectando-as com as 22 letras do alfabeto hebraico. As letras hebraicas antecederam todas as religiões. Elas são formas universais, o alfabeto genético de todo o Universo, para todas as pessoas. Um dos maiores erros da humanidade foi achar que essas formas são simplesmente símbolos para uma linguagem chamada hebraico, de uso exclusivo do povo judeu. Cada uma das 22 letras do alfabeto hebraico, individualmente, representa e conecta a uma das 22 forças energéticas diferentes. Essas letras, pelas características de suas formas, ressonância e vibração de seu som, atuam como antenas que estimulam e liberam as formas da mesma energia invisível da criação. Além disso, as diferentes combinações de letras criam diferentes tipos de energia, da mesma forma que diferentes combinações de notas musicais criam diferentes tons e melodias. Interagir com essas 22 letras, nas mais variadas formas possíveis, como no caso do *Tarô do Reiki*, acarreta uma conexão subconsciente, mas direta com a alma humana e com o mundo espiritual. Da mesma maneira que o formato de uma chave é o mecanismo através

*"As estradas que levam à espiritualidade são numerosas e, muitas vezes, o que é bom para um pode não satisfazer o outro."*
Johnny De' Carli

do qual se consegue abrir uma porta, uma forma específica de uma letra hebraica é a chave para abrir a porta de nossa alma. Uma das maneiras mais poderosas é o contato visual, como fazemos no *Tarô do Reiki*, já que os olhos são as "janelas da alma". Quando os olhos escaneiam uma única forma das letras hebraicas, uma ressonância é criada entre a Luz e a alma. Cada uma das letras hebraicas tem alguma coisa a nos oferecer ou dizer, basta nos conectarmos, no nosso caso, através do *Tarô do Reiki*.

## A Árvore da Vida e seus 22 Caminhos

Cabala é o nome de uma ciência oculta ligada ao Judaísmo, uma sabedoria que investiga a Natureza Divina. É uma das doutrinas mais antigas e mais belas, engloba um conjunto de ensinamentos relacionados com Deus, o Universo, o homem, a criação do mundo, a vida e a morte. É uma escola de pensamento espiritual que tenta decifrar o conteúdo da Torá (os primeiros cinco livros do Antigo Testamento da Bíblia, denominado Pentateuco pelos cristãos), acreditando que os segredos do Universo foram revelados por Deus, de forma codificada, nesses livros. A Cabala também é vista como uma filosofia de vida que ensina aos cabalistas formas de superar obstáculos para evoluir e atingir a paz espiritual.

A Árvore da Vida é um dos mais importantes símbolos cabalísticos, é uma diagramação sistematizada que

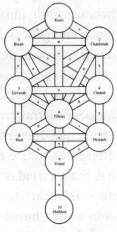

*Árvore da Vida*

*"Olhe as coisas ao seu redor com amor e renasça."*
Johnny De' Carli

representa o Cosmo (micro e macro) em toda a sua complexidade e, também, o espírito humano em suas inter-relações. O estudo da Árvore da Vida na Cabala busca a correta compreensão das forças que regem o Universo. A Árvore da Vida Cabalística fornece a explicação da criação; constituída por dez círculos, chamados de *Sephiroth* ou Luzes, que simbolizam a divisão das dez partes da criação, independentes, mas unidas ao mesmo tempo, formando um todo universal. No diagrama da Árvore da Vida estão inscritas 22 conexões, ou 22 caminhos, que ligam as 10 *sefirot* entre si.

## *O livro do Apocalipse e seus 22 capítulos*

O livro do Apocalipse, também chamado de Apocalipse de João, pertence à Bíblia – o livro sagrado do Cristianismo – e foi escrito pelo Apóstolo João. O termo Apocalipse, do grego *apokálypsis*, significa "revelação". Apocalipse, na terminologia do Judaísmo e do Cristianismo, é a revelação Divina de coisas que até então permaneciam secretas a um profeta escolhido por Deus. Por extensão, passou-se a designar de Apocalipse aos relatos escritos dessas revelações. Devido ao fato de, na maioria das bíblias em língua portuguesa, se usar o título Apocalipse e não Revelação, até o significado da palavra ficou obscuro, sendo às vezes usado como sinônimo de "fim do mundo". Por duas vezes, João relata que o conteúdo do livro foi revelado através de anjos.

## *O pêndulo egípcio original com seus 22 gramas*

O pêndulo é um instrumento utilizado na prática de Radiestesia, a fim de traduzir as informações que chegam ao consciente.

> *"Quanto mais você estudar, menos você temerá."*
> Johnny De' Carli

*Pêndulo Egípcio*

O pêndulo egípcio original foi encontrado em uma câmara funerária do Vale dos Reis. Trata-se de um pêndulo de madeira com exatos 22 gramas e com 11 cm de comprimento. Este pêndulo é extremamente sensível e, por isso, muito útil em Radiestesia Mental. Contém chumbo na parte interna, é neutro, visto que nenhuma emissão pode impregná-lo. Quando girado intencionalmente no sentido horário, emite a onda mental desejada.

Pode-se afirmar que qualquer pessoa é capaz de utilizar o pêndulo; é tudo uma questão de prática. Para utilizar o pêndulo é necessário programá-lo para respostas de sim e não. Por exemplo: quando o pêndulo gira no sentido horário, a resposta é sim e quando gira no sentido anti-horário, a resposta é não. Essa foi uma das ferramentas utilizadas para dirimir algumas das dúvidas que tivemos no desenvolvimento do *Tarô do Reiki*.

### O livro "Dogma e Ritual de Alta Magia" e seus 22 capítulos

Eliphas Lévi – (1810 – 1875), cujo verdadeiro nome era Alfhonse Louis Constant, foi filósofo, padre da Igreja Católica e cabalista, escreveu vários livros considerados clássicos da ciência ocultista, sendo reconhecido como o maior ocultista do século XIX. *Dogma e Ritual de Alta Magia* é sua obra mais conhecida, um verdadeiro tratado sobre magia, com 22 (vinte e dois) capítulos que tratam sobre os Arcanos Maiores do Tarô. Para Lévi, a origem do Tarô era hebraica e foi ele o

"Tudo é feito energia, que se apresenta de diferentes formas, o Cosmo é energia."
Johnny De' Carli

grande responsável pela associação dos 22 Arcanos Maiores com a Árvore da Vida Cabalística, vinculando-os com as 22 letras do alfabeto hebraico.

## O mel de abelhas e seus 22 aminoácidos essenciais

Os grãos de pólen (do grego *pales,* que significa farinha ou pó) são os gametas sexuais masculinos dos vegetais. Procurados pelas abelhas na Natureza para produção de mel na colmeia, possuem os 22 aminoácidos essenciais necessários para viver mais e melhor. O mel possui uma porção de propriedades incríveis. Além do seu sabor delicioso, é a única fonte de alimento conhecido que se mantém indefinidamente em sua forma bruta, não estraga. O mel mais antigo já encontrado foi descoberto na Geórgia, país do Cáucaso, e remonta há mais de 5 mil anos. O arqueólogo T. M. Davies descobriu uma jarra de 3.300 anos de mel em uma tumba egípcia que, para sua surpresa, estava em ótimas condições. Eis um dos mistérios de Deus relacionado ao número 22.

## O futebol e seus 22 jogadores

Estudos comprovam que o futebol é considerado o esporte mais popular do mundo, pode-se dizer que metade da população mundial, cerca de 3,5 bilhões de pessoas, acompanha ou tem simpatia por esta modalidade. No Brasil, é a paixão nacional e é praticado por mais de 30 milhões de brasileiros. Com seus 22 jogadores em campo, vislumbra-se a magia deste número.

*"A energia atrai energias da mesma qualidade."*
Johnny De' Carli

## Capítulo 3

# O Tarô do Reiki

Certa vez Albert Einstein disse:

*"A coisa mais bela que podemos experimentar é o mistério. Essa é a fonte de toda a arte e ciências verdadeiras."*

O *Tarô do Reiki* surgiu da associação de três exemplos desses mistérios a que Einstein se referia e que funcionam muito bem: os 22 traços do Símbolo *Hon Sha Ze Sho Nen* (Nível 2 do Reiki) com os 22 Arcanos Maiores do Tarô convencional e as 22 letras hebraicas. Ele foi desenvolvido por mim, por intuição e fazendo uso de dons metafísicos, nos meses de junho e julho do ano de 2014, durante minha peregrinação na Espanha, rumo à cidade sagrada de Santiago de Compostela.

O *Tarô do Reiki* é um oráculo composto por 27 lâminas divididas em 3 grupos, classificados da seguinte forma: 1 Arcano Universal, 4 Arcanos Maiores e 22 Arcanos Menores. Arcano significa mistério, aquilo que está oculto, a "chave" necessária para a compreensão de algo.

Na Numerologia, a junção dos números 2 (dois) e 7 (sete) somados, representam o número 9 (nove). Na simbologia da Numerologia Pitagórica, o número 9 é o número

*"A partir da passagem de Albert Einstein, os seres humanos compreenderam que o que eles podem tocar, cheirar, ver e ouvir é menos de um milionésimo da realidade."*
Johnny De' Carli

da inspiração, do Elemento Ar, do profissional da área de saúde e, também, dos reikianos. Está associado ao altruísmo, à fraternidade e espiritualidade. Este número representa a mais alta forma do amor universal. É o número da grande sabedoria e poder espiritual. Representa a plenitude espiritual. O ser humano, a maior obra da criação Divina, é gerado num período de gestação de 9 meses. É um número perfeito até na matemática (3x9=27, 2+7=**9**; 9x9=81, 8+1=**9**). No Reiki faz conexão com o Símbolo *Sei He Ki*, que nos conduz à perfeição, eliminando os maus hábitos e as emoções inferiores.

O Símbolo *Dai Koo Myo* (Nível 3-A do Reiki) foi adotado como Arcano Universal, uma "ponte" de conexão para a eficácia do oráculo (conheça mais sobre o poder deste símbolo no livro *Reiki, Apostilas Oficiais*).

O Imperador Meiji, o Mestre Mikao Usui, o Mestre Chujiro Hayashi e a Mestre Hawayo Takata foram os 4 personagens mais importantes para que o método Reiki chegasse ao Ocidente. De acordo com a sua história e perfil (conheça a história de cada um no livro *Reiki, Apostilas Oficiais*), foram associados, por mim, aos 4 Naipes do baralho convencional e a um dos 4 Elementos da Natureza, originando os 4 Arcanos Maiores do *Tarô do Reiki*. São eles:

I. O Imperador Meiji foi associado ao Naipe de Paus e ao Elemento Fogo da Natureza: expressam as energias no nível de trabalho, material e financeiro;

II. O Mestre Mikao Usui foi associado ao Naipe de Ouros e ao Elemento Terra da Natureza: apontam para a relação com a saúde física e espiritual;

*"Todos somos um pedacinho de luz da mesma Fonte."*
Johnny De' Carli

III. O Mestre Chujiro Hayashi foi associado ao Naipe de Espadas e ao Elemento Ar da Natureza: expressam as energias no nível mental;

IV. A Mestre Hawayo Takata foi associada ao Naipe de Copas e ao Elemento Água da Natureza: se relacionam com o nível emocional e relacional.

Os 22 traços do Símbolo *Hon Sha Ze Sho Nen* deram origem às 22 lâminas que constituem os Arcanos Menores do *Tarô do Reiki*.

O *Tarô do Reiki* é uma ferramenta de orientação pessoal e de autoconhecimento; ele organiza as ideias, clareia o caminho e é altamente terapêutico. Objetiva ajudar o indivíduo a partir de orientações gerais. Tem a função de mostrar, iluminar, dar um entendimento daquilo que está implícito no nosso eu para, a partir daí, buscarmos uma compreensão do que precisa ser transformado, a fim de trazer felicidade. É possível que ambos, após uma consulta, se sintam mais equilibrados e em paz, pelo fato que neste momento de interação energética, tarólogo e consulente são envolvidos por um fluxo de energia (Reiki, Tarô e as letras hebraicas) que é a "ponte" para a percepção e compreensão do que este oráculo está transmitindo naquele momento, graças ao uso do Arcano Universal (Símbolo *Dai Koo Myo*) deste oráculo.

"A verdadeira maestria consiste em saber como aumentar a felicidade coletiva no planeta."
Johnny De' Carli

**ARCANO UNIVERSAL**

**DAI KOO MYO**

*"Nenhuma parte é separada do Todo.
Tudo faz parte de todas as coisas."*
Johnny De' Carli

**ARCANO I**

**IMPERADOR MEIJI**

♣ Trabalho, Material e Financeiro ♣

*"Pense grande e será grande."*
Johnny De' Carli

## Tarô do Reiki

**ARCANO II**

**MESTRE MIKAO USUI**

Saúde Física e Espiritual

*"Torne-se um imortal, divida o seu conhecimento, compartilhe a sua sabedoria."*

Johnny De' Carli

**ARCANO III**

**MESTRE CHUJIRO HAYASHI**
Mental

*"Seja a cura. Não a procure fora de si mesmo."*
*Johnny De' Carli*

54 | Tarô do Reiki

ARCANO IV

MESTRE HAWAYO TAKATA
Emocional e Relacional

"O conflito enfraquece, a harmonia fortalece."
Johnny De' Carli

## Capítulo 4

# O Arcano Universal do Tarô do Reiki

O Arcano Universal do *Tarô do Reiki* foi inspirado no Símbolo *Dai Koo Myo*, o quarto símbolo do Reiki do Nível 3-A. É conhecido como *Símbolo Mestre*, *Mestre dos Símbolos* ou o *Símbolo da Realização*. Esse símbolo significa "aumento de poder" e pode ser traduzido, também, como "nos levando de volta a Deus" ou, como prefiro em meus seminários: "Deus (Grande Ser do Universo), brilhe sobre mim e seja meu amigo". Esse símbolo tem sua origem nos *kanjis* japoneses, conforme tabela demonstrativa na página seguinte.

Existem, atualmente, maneiras distintas de desenhar os símbolos do Reiki, ensinadas por diferentes Mestres. Todas as versões funcionam bem, não sendo fundamental que todos os tracem da mesma forma. O importante na aplicação dos símbolos do Reiki é a intenção. Aconselho a todos os alunos que os utilizem da forma como estão acostumados. A maneira apresentada no *Tarô do Reiki* me foi ensinada no Japão como aquela habitualmente utilizada pelo Mestre Mikao Usui.

> "A existência de Deus é mais certa do que o mais certo teorema da geometria."
> *Johnny De' Carli*

56 | Tarô do Reiki

*"Não seja ateu. Seja alguma coisa."*
Johnny De' Carli

## Significado dos *Kanjis* do "*Dai Koo Myo*"

| | | |
|---|---|---|
| *Significado de cada um dos três kanjis que compõe o símbolo Dai Koo Myo* | | |
| 大 | Dai | Divindade<br>Sabedoria da Cabeça<br>Luz radiante de um Iluminado |
| 光 | Koo | Brilho ou luz do Sol |
| 明 | Myo | Sol (à esquerda) e Lua (à direita)<br>Eterna luz |

Cada símbolo do Reiki concentra-se num dos corpos vibracionais. O Símbolo *Choku Rei* (símbolo 1) apresenta ressonância com o corpo físico; o Símbolo *Sei He Ki* (símbolo 2), com o corpo emocional; o Símbolo *Hon Sha Ze Sho Nen* (símbolo 3), com o corpo mental; e o Símbolo *Dai Koo Myo* (símbolo 4) trabalha o corpo espiritual. O *Dai Koo Myo* é o símbolo de tratamento e resgate da alma (corpo espiritual), visando à sua liberação dos ciclos reencarnatórios, conforme prega o Budismo. Torna a sessão muito poderosa, a ponto de sanar o mal que está na fonte superior, a causa primeira. Opera transformações profundas no receptor. Chegamos a presenciar verdadeiros milagres durante e após as sessões de Reiki.

*Choku Rei*

> "Que maravilhosa surpresa é entender algo que a gente havia decorado."
> Johnny De' Carli

Segundo minha percepção, é uma das energias terapêuticas mais potentes de que dispomos no planeta Terra e, sem dúvida alguma, uma das mais positivas.

Sei He Ki

Nosso corpo espiritual tem uma sabedoria que ultrapassa em muito o intelecto médio. Esse corpo retém todo o conhecimento desde o início de sua criação e carrega a infinita sabedoria da Divindade. O *Dai Koo Myo* vai direto à energia Fonte, ligando a pessoa receptora a essa energia. Traz sabedoria ilimitada por meio da manifestação da Divindade sobre o plano físico. Sua utilização permite uma conexão imediata entre o "eu físico" (finito) e o "Eu Superior" (Infinito). Logo, seu uso é indispensável durante os rituais de sintonização de novos reikianos. Coloca-nos em contato com energias de alta frequência, acelerando as partículas energéticas do nosso corpo e do campo vibracional a nossa volta, limpando de imediato todos os canais sutis que servem de condução à energia Reiki.

O reikiano pode usar esse símbolo visando à proteção. Desenha-se um grande *Dai Koo Myo* no ar e "veste-se etericamente" o símbolo, como se ele fosse um grande manto de proteção e poder. Em seguida, selam-se os chacras com o Símbolo 1 (*Choku Rei*).

O Símbolo *Dai Koo Myo* pode ser usado como potencializador (ampliador) em qualquer espécie de trabalho do Reiki, em qualquer lugar e hora.

"O Universo é um reservatório ilimitado de possibilidades."
Johnny De' Carli

## Capítulo 5

# O Ambiente Ideal para Atender com o Tarô do Reiki

Nem todas as pessoas que aprendem a trabalhar com as Ciências Divinatórias tencionam praticá-las profissionalmente, em tempo integral ou parcial. As recomendações a seguir são para aquelas que desejam trabalhar com o *Tarô do Reiki*, ou outro oráculo qualquer, profissionalmente ou praticando atendimentos regularmente. Tenham cautela para decidir, lembrando a citação bíblica:

*"Por falta de reflexão os projetos fracassam, mas se realizam quando há muitos conselheiros"*

(Pr. 15, 22).

Muitos profissionais começam a trabalhar indo à casa de seus consulentes e, com o tempo, passam a recebê-los em um espaço específico para esse fim. Saber criar uma sala de atendimento segura e calma é quase tão importante quanto saber conduzir com competência um atendimento. É importante que as pessoas se sintam seguras para enfrentar seus medos, traumas ou outras questões bloqueadas.

*"Para realmente servir, é preciso começar consigo mesmo e com o lugar onde se vive e trabalha."*
Johnny De' Carli

Para realizar atendimentos com o *Tarô do Reiki*, o ideal é ter um ambiente reservado para essa finalidade, mantendo-o livre de vibrações desagradáveis. Se for possível, reserve um aposento especial, limitando as atividades no local escolhido, evitando odores, ruídos de televisão, fumaça de cigarro, etc. É lógico que isso não é obrigatório, mas o ambiente ideal, tranquilo, relaxa melhor o consulente e o tarólogo, de maneira que entrem em melhor sintonia. Procure trabalhar num local privado, confortável, alimentado com energias naturais (Terra, Água, Fogo, Ar e Éter), quieto, sem portas batendo, com a temperatura agradável. No entanto, muitas vezes isto é impossível. Você pode ajudar desligando o telefone, retirando do local crianças e animais que sejam barulhentos (existem muitas pessoas alérgicas a animais), trancando a porta e colocando avisos externos de "Não perturbe". Você deve evitar interferências. A entrada inesperada de uma pessoa quebra o silêncio e a harmonia local.

Caso utilizemos sempre o mesmo espaço destinado ao *Tarô do Reiki*, não devemos nos apegar excessivamente à atmosfera deste local de trabalho, pois pode acontecer de sentirmo-nos perdidos se, em algum momento, não pudermos trabalhar ali. Conheci pessoas que chegaram a achar que só poderiam conseguir bons resultados com os oráculos em local específico, alegando assim entrarem melhor em harmonia com a energia do trabalho. O *Tarô do Reiki* pode ser utilizado em qualquer lugar, inclusive em locais públicos e movimentados (praças, calçadões, etc.), apesar de não ser o ideal. O Divino permeia qualquer ambiente, de forma alguma se limita a determinados locais. Jogar o *Tarô do Reiki* depende do tarólogo e não do ambiente externo.

*"Acalme o mundo exterior para que seu mundo interior possa proporcionar-lhe a importante intuição."*

Johnny De' Carli

O local é importante, mas este não faz o tarólogo. O tarólogo é que faz o ambiente, através do amor incondicional com que trabalha. A aceitação completa, independente de nível socioeconômico, raça, religião e formação cria um espaço sagrado para o atendimento. Vale lembrar as palavras do Mestre Jesus:

> "*Se nos amarmos uns aos outros, Deus permanece conosco e Seu amor em nós é perfeito*"
>
> (1 Jo. 4, 12).

O trabalho com o *Tarô do Reiki* é sagrado. Devemos ser organizados e cuidar bem do espaço criado com esta finalidade. O local destinado à prática do *Tarô do Reiki* deve ser bem limpo, bem arrumado e estar em boas condições de conservação. Flores e plantas dão sempre um toque especial à sala. Animais de estimação deixam sempre odores desagradáveis para quem chega. Em geral, quem está acostumado não percebe. Cuido muito do espaço onde leciono e atendo. Meus alunos e clientes percebem isso com facilidade. Recomendo que seu espaço esteja sempre bem pintado, com tonalidades claras.

A primeira dúvida que surge para todo tarólogo em relação ao espaço destinado ao *Tarô do Reiki* está relacionada à cor que deve predominar no ambiente. Os tarólogos têm características diferentes nesse sentido. Todos nós temos uma predileção por determinada cor. Somos mais atraídos e identificados por esta ou aquela cor, com as qualidades e com a influência psíquica de sua tonalidade. Às vezes, existe também a rejeição a algumas cores, ou seja, a aversão ao que elas transmitem. Os raios luminosos geram as sete cores básicas do arco-íris, que são as mesmas de nossos sete principais

"*O amor pelo trabalho aprimora os feitos.*"
Johnny De' Carli

chacras (vermelho, laranja, amarelo, verde, azul, índigo e violeta). Cada pessoa está mais ligada, pelo seu atual estágio evolutivo, a uma determinada cor, que seria mais vibrante em sua aura e atuaria de maneira distinta sobre o corpo pela geração de um tipo diferente de energia. Lembre-se que você passará boa parte do dia em sua sala de atendimento. Daí a importância de relacionar a pintura de seu espaço com suas tendências pessoais, com seu temperamento e suas afinidades.

Nenhum tarólogo duvida que as cores exerçam, cada qual a seu modo, uma influência específica nas pessoas. Contudo, não é obrigatório que um tarólogo use cores para obter bons resultados. Existem estudos que admitem que cada cor emite um tipo diferente de fluido energético, da mesma forma que os sons e os aromas. Isso explica o fato de a cor influenciar e modificar até mesmo pessoas com os olhos fechados ou adormecidas, sem contato visual com o padrão das cores que as cercam. Prova-se, assim, a interferência prévia no campo energético sutil (aura) dos seres vivos. Já está comprovada a sensibilidade das plantas aos sons e às cores. Os vegetais crescem e vivem melhor em contato com músicas suaves e com cores claras ou levemente estimulantes. As plantas denotam sofrimento, crescimento retardado e até morrem com músicas agitadas, dissonantes e, também, com cores agressivas. Cores escuras, sem brilho e indefinidas, que emitem vibrações inferiores, prejudicam ao invés de melhorar. Acarretam a diminuição da energia vital e enfraquecem a aura ao invés de energizá-la. Existem trabalhos muito interessantes sobre a recuperação de problemas orgânicos e emocionais pelo uso das cores (Cromoterapia). A Rússia é pioneira nesse campo de pesquisa.

*"Só a própria pessoa está em condições de escolher o que é melhor para ela."*

Johnny De' Carli

Seus cientistas têm usado as cores em hospitais, universidades, etc. No Brasil, os adeptos da Medicina Natural têm muita simpatia pela Cromoterapia e a aplicam com sucesso. Alguns médicos já a consideram parte da Medicina do futuro por sua eficácia e facilidade de aplicação.

Já que será necessário dispor de iluminação, nada impede que você use lâmpadas coloridas. Rosa é a cor do amor incondicional, a virtude que combate todas as emoções inferiores que nos desequilibram. É um alimento para os consulentes que precisam de muito amor ou para um tarólogo com dificuldades em dar amor. Já o tom violeta representa a meditação espiritual, estimula a percepção psíquica. É a cor predominante em pessoas que atingiram elevado avanço e evolução de consciência. A cor violeta é também usada no tratamento de perturbações espirituais porque representa a transformação e a transmutação. Escolha uma ou mais combinações de cores para utilizar em sua sala destinada ao *Tarô do Reiki*, lembrando, mais uma vez, que a colocação de lâmpadas coloridas é opcional e fica a critério de cada tarólogo, de acordo com sua orientação interior.

É conveniente limitar a quantidade de quadros e enfeites nas paredes, evitando assim, fontes de distração. Uma coisa que não pode faltar na parede são seus certificados (Reiki, Tarô, etc.) devidamente emoldurados. Estes, além de demonstrar sua qualificação, carregam a energia de seus Mestres, que o assinaram e o selaram com amor.

Pisos naturais, especialmente os de madeira, devem ser preferidos. Os sintéticos e carpetes devem ser evitados, pois retêm muita energia nociva. Pisos de cimento, granito, mármore, poderão ser usados, mas algumas vezes causam

*"Quem faz as tarefas com amor, as faz melhor."*
Johnny De' Carli

desconforto porque são muito frios. Nesse caso, você poderá utilizar tapetes de fibras naturais, como os de malva, juta, algodão, seda, palha, etc.

Pessoas energeticamente sensíveis poderão entrar num ambiente e detectar se a energia é boa ou ruim, alegre ou triste, poderão sentir-se à vontade, relaxadas ou não. Expressões como: "a energia aqui é ótima" ou "a vibração aqui não é boa" estão se tornando comuns em diálogos do dia a dia.

Uma sala não é muito diferente de uma pessoa. Da mesma forma que as pessoas guardam lembranças negativas (energia estagnada de seu passado), um ambiente tem marcas sutis de tudo o que aconteceu ali. Os ambientes arquivam energias, ficam impregnados com emoções e pensamentos (formas-pensamento ou larvas mentais). Essas formas-pensamento plasmam-se. Podem manter-se vivas e em movimento por muito tempo, podendo ser vistas por pessoas com certa acuidade visual (sensitivas). O mesmo, logicamente, se aplica a experiências positivas como, por exemplo, uma iniciação do Reiki ou um jogo de Tarô. Às vezes poderá ter havido no ambiente brigas e discussões, cujas energias ficam retidas no local, prejudicando o trabalho com o oráculo.

Os advogados, por exemplo, têm, em geral, seus escritórios impregnados negativamente por lixo emocional deixado por sua clientela: casais em litígio, sociedades sendo dissolvidas, herdeiros em desavença, causas trabalhistas, etc. O mesmo acontece nos consultórios de psicólogos, médicos, bancários e muitos outros profissionais, ou seja, não acontece unicamente com os tarólogos.

Todas as coisas têm um campo de energia a sua volta (aura), como se fosse a luz de uma vela. Não existe espaço

*"Preste sempre muita atenção no que acontece a seu lado."*
Johnny De' Carli

vazio sem campos de energia. Tudo e todos estão intimamente ligados. Estamos permanentemente mergulhados num mar energético. Todo objeto inanimado também tem sua aura, que se impregna com a energia pessoal do dono. Pelo simples fato de vivermos, trocamos energia constantemente com o ambiente no qual estamos, vivemos ou trabalhamos. Isto ocorre especialmente em salas de atendimento, onde trabalhamos exclusivamente com energia. A troca de energia é uma coisa espontânea, inevitável e ocorre, ininterruptamente, por todo o corpo, principalmente no nível de pensamentos. Estamos sempre sendo influenciados pelo meio ambiente e sempre influenciamos a partir da energia de nossa aura (vital) e do nosso pensamento. Não tenhamos dúvidas de que a atmosfera em que vivemos nos afeta. Todos respiram o mesmo ar e somos energia. Costumo dizer em meus seminários que a nossa casa e o ambiente de trabalho são o nosso corpo mais amplo, que também deve ser cuidado e trabalhado.

Quando montar uma sala de atendimento, tenha sempre à disposição um cesto de lixo e lenços de papel (muitos choram e se emocionam).

Um íon positivo se forma quando um átomo, por algum motivo, perde um elétron. Wilhelm Reich o chamava de orgone morto. Os íons positivos ou orgones mortos são altamente nocivos à nossa saúde, porque geram irritabilidade, dores, sensações de letargia e muito mais. Nos locais próximos a quedas d'água ou montanhosos, onde as pessoas dizem se sentir bem, existe uma predominância de íons negativos, usados no tratamento de queimaduras extensas no corpo.

Às vezes, nossa sala fica enevoada, o que nada mais é do que o vapor supersaturado com íons. Todos começam a

> *"O meio nos influencia, mas somos os responsáveis por nossos atos."*
> Johnny De' Carli

passar mal. Caso você trabalhe em ambientes fechados, sem ventilação ou iluminados por luzes fluorescentes, está sujeito a ficar doente. Começará a acumular a energia de orgone morto no corpo, suas vibrações irão reduzir e começarão a se enfraquecer. Terá até mesmo dificuldades em perceber isto, porque sua intuição diminuirá com a contaminação. É importante trabalhar numa sala livre de más vibrações, de onde tenham sido retiradas as energias inferiores que sempre ficam após alguns atendimentos.

Quando queremos saber como está a energia orgônica de um determinado ambiente, acrescentamos a um copo com água, que pode ficar no piso próximo à porta de entrada, três dentes de alho. Se a energia estiver boa, os alhos flutuarão. Se houver muito orgone morto (energia negativa), os alhos o absorverão em parte e afundarão. O alho apodrece muito rapidamente e poderá começar a exalar um odor desagradável. Daí renove-o a cada dois ou três dias. Existem pessoas que usam água com carvão vegetal, que atrai para si essas energias. Mas o resultado final é inferior, pois o carvão, sendo matéria morta, é menos sensível. Isto pode servir de alerta ao tarólogo, para que conserve sempre boas as energias de seus ambientes.

Faça aquilo que julgar necessário para o conforto e a proteção sua e de seus consulentes. Há várias técnicas efetivas que podem ser usadas para limpar ou renovar o ambiente de trabalho ou o local onde se vive. Escolha a sua utilizando a intuição. O uso prévio dessas técnicas torna o seu trabalho com o *Tarô do Reiki* mais fácil e agradável.

A defumação (elemento ar) é um ótimo recurso. Você pode empregar a formulação utilizada pela Igreja Católica, pelos Centros Espíritas ou aquela recomendada por sua intuição.

*"A casa mais limpa é a que menos sujamos, não a que mais limpamos."*

Johnny De' Carli

Certifique-se de que uma janela ou porta esteja aberta antes de principiar a defumação para que a fumaça atraia a energia do orgone morto e a arraste para fora. Sempre que você sentir o ambiente carregado ou quando começarem a acontecer desentendimentos ou brigas sem qualquer motivo, é hora de parar de atender e se dedicar à limpeza, queima ou transmutação das energias negativas em positivas. A frequência desta necessidade será maior do que você imagina. Lembre-se das palavras que o Mestre Jesus nos deixou: *"Orai e vigiai!"*

É importantíssimo termos pelo menos uma janela para garantir a boa ventilação, a fim de reduzir os íons positivos pela renovação do ar após cada atendimento (faça sempre isto, não esqueça!).

Se possível, escolha uma sala que apanhe a luz solar direta. O Sol é o mais forte transmutador que se conhece. Evite a luz fluorescente, que facilita a formação do orgone morto e gera uma frequência que interfere negativamente na aura.

De acordo com o tamanho do ambiente, use plantas vivas que, além de embelezar, ajudam a manter energeticamente limpo o local. As flores devem estar sempre viçosas. Portanto, certifique-se de que não há flores murchas ou apresentando sinais de deterioração no aposento.

Você pode colocar sobre o piso um recipiente com sal grosso *(NaCl)*, aproximadamente 1 kg, que deve ser substituído periodicamente. O cloreto de sódio (sal) transmuta vibrações negativas ou miasmas emocionais (emanações energéticas disformes, altamente negativas) que os consulentes deixam no ambiente.

Cristais colocados ao redor da sala também ajudam a coletar energia morta do orgone. Estes cristais devem ser

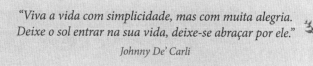

*"Viva a vida com simplicidade, mas com muita alegria. Deixe o sol entrar na sua vida, deixe-se abraçar por ele."*
Johnny De' Carli

limpos semanalmente, colocados ao Sol por 8 horas ou em solução de água salgada por 24 horas. Aparelhos eletrônicos geradores de íons negativos, com a mesma finalidade, também são muito recomendáveis.

Você pode acender velas, visualizando a queima e transmutação de toda energia nociva. Enquanto acende a vela, você poderá utilizar técnicas mentais visualizando primeiro uma luz violeta banhando, fluindo e transmutando todo ambiente. Imagine um aspirador gigante, vindo de Deus, descendo e limpando sua área de trabalho. Depois, imagine a chegada de uma luz branca para energizá-la e, posteriormente, um anel de luz dourada ao redor da área para selar e proteger o cômodo contra vibrações inferiores vindas de fora.

Outra maneira é utilizar o poder de limpeza, purificação e renovação dos Elementos Água e Fogo. Coloque-se de frente para a entrada principal de seu ambiente, segurando com a mão direita uma vela acesa e com a esquerda um copo transparente com água (se quiser use também o alho ou carvão para representar o Elemento Terra). Caminhe pelos cantos orando (Elemento Éter). Tenha em mente que pelo seu lado esquerdo será captada a energia nociva que irá diretamente para a água do copo. O alho ou o carvão ajudarão a retê-la. Pelo seu lado direito, sairá a energia gerada pelo fogo. Terminada a caminhada, apague a vela. Se quiser, guarde-a para ser reutilizada. Jogue a água fora, na pia ou no vaso sanitário.

Há muitas situações em que você precisará das energias naturais do planeta, pois elas conservam a vida e serão absorvidas através de sua aura quando houver necessidade. Os fluidos energéticos se destinam a repor energias gastas até

*"Dizer que não tem tempo não é desculpa. Todos dispõem do mesmo tempo que dispuseram todas as grandes personalidades que fizeram história neste planeta."*

Johnny De' Carli

quando falamos ao telefone. Suas atuações são mais dirigidas ao corpo físico por serem energias mais grosseiras.

Ninguém compreendeu tão bem nossos corpos e seus elementos e propriedades quanto Jesus. As três camadas áuricas inferiores estão associadas às energias relacionadas com o mundo físico, Mãe Terra ou Mãe Natureza. Dentre os sete elementos existentes, cinco se manifestam e podem ser sentidos por nós: Terra, Água, Fogo, Ar e Éter. Esses elementos atuam nos seres vivos e nos humanos, afetando principalmente o corpo físico, mas também o corpo emocional, o corpo mental e os corpos espirituais. Aos poucos vamos aprendendo a discernir quais elementos precisam ser ativados para nosso verdadeiro equilíbrio e nossa harmonia. A Natureza é uma grande fonte de fluidos energéticos dos elementos. Além de nos fornecer ar, água, luz, calor e alimento, nos transmite muitas energias que não sabemos como aproveitar na plenitude. Terapeutas de diversos povos usam os fluidos da Mãe Terra como recurso terapêutico. Os magos alquimistas são assim chamados porque desenvolveram o conhecimento necessário para utilizar as forças da Natureza. Utilize os elementos da Natureza em seu espaço destinado ao *Tarô do Reiki*.

É muito importante que o tarólogo descubra qual dos elementos é o predominante para seu equilíbrio. Como exemplo, aqueles que têm o Elemento Fogo predominante são pessoas explosivas, que falam e agem de forma inconsequente, amam com intensidade, se julgam superiores, gostam de dar ordens e têm dificuldades para falar sobre seus sentimentos. Recomendo a você que pesquise seu caso em livros que versem sobre o assunto.

> "A Natureza nos oferece tudo que realmente necessitamos e podemos usufruir de suas dádivas, sem nunca nos esquecermos de que temos a obrigação de preservá-la."
> Johnny De' Carli

Existem seres divinos, etéreos, espirituais e sem livre-arbítrio, muito ligados a nós, através do nosso pensamento. Os espíritos elementais, como são conhecidos, trabalham para o equilíbrio do planeta. Encarregados da preservação de cada um dos pontos da Natureza, garantindo e promovendo sua cadeia de existência. Possuem seu corpo energético, que permanece por longo tempo no planeta, até cumprirem a missão que lhes foi destinada pelo Criador. Depois, se desintegram dentro da alma coletiva voltando a renascer em outros lugares e dimensões. Logo, trabalhando com energias naturais estamos trabalhando também com energia viva.

Os fluidos energéticos passam para o corpo do tarólogo e do consulente através de um Elemento da Natureza que está cedendo, na sala de atendimento, um pouco de sua energia. Tudo isso está de acordo com uma inteligência própria. Existem diferenças entre os fluidos. O modo pelo qual eles são ativados também apresenta algumas distinções. Embora o conhecimento desse assunto não seja fundamental para o êxito de um atendimento com um oráculo, considero importante analisar cada um dos elementos isoladamente, a seguir:

### Elemento Terra

Lembrando a Bíblia, podemos citar as palavras do Senhor sobre a sua criação: *"Do pó vieste e ao pó retornarás."* (Gên. 3, 19). Nosso corpo físico é composto pelos mesmos elementos (cálcio, fósforo, ferro, iodo, etc.) que formam o planeta. Por isso, o Elemento Terra é um poderoso instrumento terapêutico e possui propriedades terapêuticas, não só por transferir

*"Maiores conhecimentos implicam maiores responsabilidades."*
Johnny De' Carli

sua energia, como também por ter o poder de absorver impurezas energéticas de um organismo ou de um ambiente que estejam causando desequilíbrios no corpo.

A energia sólida da terra dá sustentação aos reinos da Natureza. Relaciona-se com vitalidade, vigor, estabilidade e força. Quando nos alimentamos, estamos recebendo indiretamente a energia *Ki*. O Elemento Terra está ligado ao chacra básico. Quando pisamos na terra sem sapatos, recebemos sua energia diretamente. Essa força é magnetizada através dos minerais, vegetais e animais. O ser humano perdeu a capacidade de usufruir do benefício que tinha a sua disposição quando começou a andar calçado. Os chacras dos pés perderam o contato direto com a terra, gerando, como consequência, a necessidade de outras formas terapêuticas. Na Índia e no Japão, as pessoas tiram os sapatos para terem acesso aos ambientes destinados aos atendimentos. A concentração de prana acima do solo é cerca de quatro a cinco vezes maior do que no ar. Deitar-se num gramado, numa pedreira, na terra batida ou na areia, facilita a recuperação de disfunções. Eis o motivo de evitarmos, numa sala de atendimento, materiais sintéticos isolantes para forrar o piso. Esses devem ser naturais, cobertos com tapetes de fibras naturais para facilitar o fluxo livre de prana do chão para os pés.

Existem regiões no nosso planeta que possuem solos com maior poder terapêutico.

As pedras e os cristais mostram auras interessantes, que podem ser usadas em trabalhos de atendimentos. Os cristais representam o estágio maior na evolução do reino mineral. Sua colocação numa sala de atendimento fornece fluidos energéticos e absorve maus fluidos do ambiente.

> "Nossa casa é nosso corpo mais largo,
> cuide dela com amor."
> *Johnny De' Carli*

Colocar pedras no ambiente destinado aos atendimentos com o *Tarô do Reiki*, ou com elas decorar uma parede, é um modo de termos os fluidos do Elemento Terra por perto, procedimento recomendável principalmente em lugares muito frequentados como hospitais, consultórios e comércio, locais onde muitos fluidos negativos ficam no ambiente.

A ametista, conforme informações de clarividentes, tem uma aura dourada com emissões de raios da mesma cor que saem de suas pontas. Sua colocação numa sala de atendimento, principalmente debaixo da cadeira do consulente, possibilita a irradiação de energia transmutadora. Sua cor violeta dá-se em função do magnésio que é o mineral do chacra cardíaco (a "fábrica" do amor). Todo restabelecimento de disfunções é alcançado através da energia desse chacra.

O quartzo rosa tem a vibração e a coloração da qualidade amorosa do chacra cardíaco. Ele ajudará a liberar profundos bloqueios, a tratar traumas emocionais e a aceitar as informações provenientes do jogo do *Tarô do Reiki*, perdoando-se e chegando a uma integração maior.

Existem muitas outras pedras que poderão ser utilizadas para diferentes tipos de desequilíbrios físicos, emocionais e mentais. Recomendo que você pesquise em livros que versem sobre o assunto.

Os tarólogos que usam pedras em seus atendimentos sabem que, com frequência, devem limpá-las energeticamente. Se não forem purificadas, não terão condições de ajudar, ou o que é pior: elas mesmas ficarão negativas. Pedras saturadas com energia negativa irradiam energia equivalente. Ao comprarmos uma pedra, sabemos que ela esteve exposta a muitas energias diferentes, desde sua coleta na Natureza

*"Crie condições à sua volta para que o ambiente retribua, com alegria, seus esforços por um mundo melhor."*

Johnny De' Carli

até sua comercialização. Portanto, antes de usá-la, deve ser limpa (água com sal grosso e/ou Sol) e reprogramada (veja como fazer no livro *Reiki Universal*, Editora Butterfly). Podemos restabelecer a força da pedra colocando-a, sempre que possível, em contato com a Natureza (Sol, Lua, chuva, água do mar ou de rio). Ela ficará, dessa forma, sempre repleta de energia natural, sendo muito benéfico para você, além de proporcionar melhores resultados nos atendimentos com os oráculos. Dias tempestuosos e eclipses são excelentes para repor os fluidos das pedras. Aplique, também, Reiki sobre as mesmas, caso seja um reikiano. Não há necessidade de ser um iniciado no Reiki para que o *Tarô do Reiki* funcione.

As plantas, mesmo em vasos, têm a sua volta campos de energia vital e são ótimas emissoras de fluidos energéticos do Elemento Terra. Devemos colocá-las próximas à porta principal, pois é o local por onde entra a negatividade. Cuide bem delas, é fundamental para que fiquem bonitas, viçosas e mais eficientes energeticamente. Não deixa de ser uma maneira de trocarmos nosso amor com elas. Facilmente sentimos a presença de Deus ao sentirmos o perfume, a beleza perfeita de uma flor ou de uma árvore. Fique atento e trate-as com carinho. Qualquer sinal de amarelecimento é um indicador ou um aviso de que energias nocivas estão em excesso. As espécies mais indicadas para uma sala de atendimento são as plantas utilizadas para proteção e purificação de ambientes. São elas: espada-de-são-jorge, comigo-ninguém-pode (altamente tóxica) e jiboia. A arruda, o alecrim e a guiné são também ótimos para evitar que as energias nocivas se fixem no local. É uma pena que sejam pouco resistentes em

> *"Compre uma flor, enfeite seu espaço, sua sala. Presenteie uma flor a um amigo. É muito simples ser feliz."*
> Johnny De' Carli

ambientes destinados a atendimentos (murcham logo, pois rapidamente absorvem o orgone morto);

## Elemento Água

A água é o componente principal de qualquer líquido que ingerimos. Quando pura, da fonte, fresca e cristalina, sem dúvida é a melhor bebida de que dispomos. Nosso planeta e o corpo humano são constituídos por mais de 70% de água, energia úmida que constitui a própria vida. Não poderíamos sobreviver sem a energia do Elemento Água, que é o fundamento de todos os seres vivos e sem o qual não haveria vida no planeta. Infelizmente, em nome do progresso, a humanidade vem destruindo a Natureza, interferindo até no ciclo natural da água.

Uma de suas características principais é a limpeza, tanto no plano material quanto no espiritual. Isso é possível graças ao fato de ter a capacidade de diminuir o peso de tudo o que entra em contato com ela. Daí a importância de oferecermos um copo de água, após um atendimento oracular, ao consulente, bem como é importante o hábito de lavarmos as mãos. O poder de purificação da água é sentido nos banhos tão recomendados na Hidroterapia e em algumas religiões. A própria chuva vem com a força da limpeza e da purificação do astral, ativando, dissolvendo e libertando as energias reprimidas nas massas de ar. Assim é que, após a chuva, dormimos melhor e nos sentimos mais leves e libertos. Nossa mente fica mais clara e receptiva, numa atmosfera renovada, livre das vibrações inferiores que interferem em nossa vida.

Caso seja iniciado no método Reiki, a aplicação de energia Reiki na água ou a sua fluidificação, como é conhecida nos

"É possível desenvolver um bom hábito de vida, incorporando-o, sempre que possível, à sua rotina."

Johnny De' Carli

meios espirituais, é um importante recurso de terapia energética, aumentando com isso suas potencialidades naturais.

É recomendável colocar pelo menos um copo de água na sala de atendimento para fornecer seus fluidos. Se for do mar, melhor. Se não for, misturamos à água uma colher de sal grosso. Isso aumenta a proteção do ambiente e das pessoas que ali estiverem. O melhor local para colocar o copo é no chão, próximo à porta de entrada. A água deverá ser trocada entre um e outro atendimento. Na pior das hipóteses, troque-a diariamente;

## Elemento Fogo

O Elemento Fogo é ligado ao chacra do plexo solar e ao Símbolo *Hon Sha Ze Sho Nen*, alicerce do *Tarô do Reiki*, responsável pelas nossas ligações com os outros (interpessoais).

O fogo é energia calórica, luz, vida e força e se faz presente na maioria das religiões e rituais, representado pela chama das velas ou pela combustão de outros materiais inflamáveis como a parafina líquida, madeira, carvão ou gás.

As salamandras, como são chamados os Elementais do Fogo, atuam com sua força energética e espiritual através das chamas, das labaredas e do calor. Não é difícil estabelecer contato visual com essa energia no momento em que olhamos para uma chama e observamos as faíscas, formas e luzes ao seu redor. O contato direto é impossível em função das altas temperaturas dos locais onde se manifestam.

Uma chama acesa na sala de atendimento com os oráculos não só fornece fluidos como dá uma sensação de tranquilidade. Energeticamente é muito importante para purificar e queimar miasmas, além de transmutar energias negativas. Se você não quiser usar velas para fugir de uma

> *"O primeiro a aproveitar-se do brilho*
> *é o mesmo a acender a luz."*
> Johnny De' Carli

possível conotação religiosa, pode optar pelos aromatizadores de ambiente com essências pingadas na água, posteriormente aquecida pela chama de uma lamparina;

## Elemento Ar

O ar é energia volátil, o fio condutor que nos une a tudo. O chacra ligado ao Elemento Ar é o cardíaco e sua correlação se faz com o Símbolo *Dai Koo Myo*, utilizado como Arcano Universal do *Tarô do Reiki*. O ar é responsável pela oxigenação do organismo. É o mais importante no processo pelo fato de toda energia terapêutica ser, antes de tudo, uma energia de amor. O chacra do coração está ligado ao timo que, por sua vez, responde pelo sistema imunológico. Encontramos aí uma profunda ligação entre o Elemento Ar e a saúde.

A energia que absorvemos através do Elemento Ar é o *prana*, uma das mais fantásticas forças da Natureza, fonte de energia vital, um verdadeiro alimento para nossa vida. Daí a grande ênfase que damos à respiração. A respiração é uma das funções automáticas do nosso corpo. Entretanto, o processo é afetado quando ficamos tristes, preocupados, etc. A respiração se torna mais lenta, retardando o fluxo de oxigênio e prana no organismo. Aquilo que deveria funcionar em nosso organismo sem ser sentido ou percebido acaba ficando cansativo e difícil. Um organismo oxigenado se reflete em mente pura, saudável, em harmonia. Através da respiração, unimos nossos corpos físico e astral. Para que essa união seja plena, é preciso que captemos o prana no ar e que essa energia seja devidamente redistribuída pelo sangue dentro de nosso corpo físico, atingindo cada uma das células do organismo. Para uma boa respiração, devemos buscar a consciência de

*"Desfrute o máximo das pequenas coisas da vida."*
Johnny De' Carli

que é pelo nariz (ligado ao corpo mental) que o ar deve ser inspirado. Pelo nariz filtramos, aquecemos e umidificamos o ar; os *nadis* de absorção de *prana* estão conectados às narinas. A expiração pode ser feita pela boca (ligada ao corpo emocional), imaginando-se, na medida do possível, a purificação e saída de todos os bloqueios emocionais.

Podemos utilizar incensos e difusores aromáticos, que são pequenos recipientes de vidro ou cerâmica, em cuja parte superior se coloca água e essências naturais e, na parte inferior, se acende uma pequena vela. Os óleos essenciais, pingados na água, são compostos orgânicos voláteis extraídos das plantas e contêm energia vital. Os aromas dos óleos se volatilizam como consequência do aquecimento e atuam nos nossos corpos físico, emocional e mental, gerando um reencontro com a Natureza. Alguns aromas mais recomendados, para diversos trabalhos de atendimentos, são: canela, acácia, eucalipto, flor de lótus, sândalo e lavanda. De todos o que mais recomendo é a canela que, além de antisséptico, melhora a saúde e proporciona a ativação da energia financeira. Pergunte sempre ao consulente se a essência escolhida lhe agrada. Entre uma e outra sessão, queime um incenso de limpeza.

Algumas pessoas consideram a fumaça do incenso altamente irritante, por provocar-lhes alergias, tosse, espirros. Isso pode ser prevenido, basta evitar sua utilização;

## Elemento Éter

Para que você entenda este importante elemento, começo analisando o átomo mais simples que se conhece, que é o hidrogênio. Se aumentarmos o núcleo desse átomo para o tamanho de um milímetro de diâmetro, o único elétron

> *"Para uma mudança ocorrer no nível físico,
> ela primeiro ocorre no nível energético."*
> Johnny De' Carli

que o integra estará girando a uma distância aproximada de cem metros, ou seja, cem mil vezes. O espaço sólido é vazio, só que não percebemos isso com nossos limitados olhos. Pelo espaço, hipoteticamente vácuo, se propagam as ondas eletromagnéticas, ocupadas pelo mais sutil dos cinco elementos: o Éter.

O Elemento Éter é o que menos se manifesta, pois essa canalização requer buscas internas muito fortes e profundas, sendo através dele que podemos entrar em sintonia com a Grande Unidade. É, enfim, a representação do Pai, do Onipotente e de todos os seres espirituais que estão entre Deus e o ser humano. Fazem parte da energia do éter os mestres ascensionados, os anjos e nossa própria mente, dentro de uma vibração harmônica superior. Uma pesquisa nos Estados Unidos mostrou que 92% dos americanos acreditam em anjos. Na hierarquia espiritual, acima dos anjos estão os arcanjos e em seguida os mestres ascensionados, que estiveram em nosso mundo e por seus trabalhos de luz ascenderam a planos superiores.

Há dois mil anos, o Mestre Jesus nos deixou a mensagem:

*"Eu sou o caminho, a verdade e a vida. Ninguém vai ao Pai senão por mim."*

(Jo. 14, 6).

Naquela época, a realidade era outra. Por exemplo, o romano Saulo, que perseguia os cristãos, converteu-se no apóstolo Paulo de Tarso, que posteriormente ascendeu e hoje comanda o Quinto Raio da Chama Verde, sendo conhecido como Mestre Hilarion. Hoje existem outros, que, seguindo a Luz Crística, são também a verdade e a vida.

*"A iluminação exige que você assuma maior responsabilidade pelo seu estilo de vida."*

Johnny De' Carli

Dentro do Elemento Éter vamos encontrar, então, o grande poder dos mestres ascensionados dos Sete Raios, como El Morya, Lanto, Confúcio, Veneziano, Rowena, Seraphis Bey, Palas Athena, Hilarion, Jesus, Nada e Saint Germain.

A melhor maneira de que dispomos para acessar esse Elemento, num atendimento com um oráculo, é através da oração. Lembre-se novamente das palavras do Mestre: *"Orai e vigiai"*. Ore sempre antes e depois de um atendimento com o *Tarô do Reiki*.

Através do Elemento Éter, Jesus se revigorava sempre que necessitava de novas forças, como na ocasião em que meditava no Monte das Oliveiras. O mesmo aconteceu com Moisés, no Monte Sinai e com Mikao Usui, no Monte Kurama em Kyoto, no Japão.

A água fluidificada pelos kardecistas nada mais é do que água imantada com o Elemento Éter. O mesmo ocorre com água benta da Igreja Católica.

*"Uma pessoa sem Deus é como uma lâmpada apagada."*
Johnny De' Carli

## Capítulo 6

# Roteiro de Atendimento com o Tarô do Reiki

01. Prepare o ambiente, de forma idêntica para qualquer que seja o jogo;
02. Receba o consulente e esclareça dúvidas sobre o atendimento;
03. Realize o seu centramento com algumas respirações profundas;
04. Antes de começar o jogo, com as mãos em prece, faça uma oração pedindo a ajuda dos quatro Mestres do Reiki que constituem os Arcanos Maiores do *Tarô do Reiki*, anjos, arcanjos, enfim, todos os seres de Luz, solicitando a sua presença para que apoiem e abençoem o procedimento;
05. Coloque a lâmina do Arcano Universal do *Tarô do Reiki* (Símbolo *Dai Koo Myo*) a sua frente. Olhando para a carta, emita o *mantra* do mesmo 3 vezes. Com os olhos preferencialmente fechados, peça uma conexão com a Fonte;
06. Peça ao consulente para embaralhar as lâminas imaginando as perguntas de sua vida, sob todos os aspectos (família, relacionamento, dinheiro, objetivos, trabalho, etc.), que deverão ser elaboradas de forma muito objetiva;

> *"Se vista sempre adequadamente para o exercício da sua profissão. Raramente você será criticado por se vestir bem."*
> Johnny De' Carli

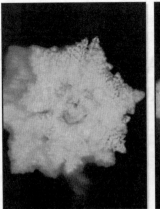 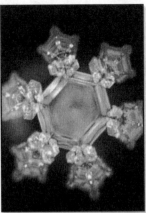

Acima, à esquerda, a cristalização de água poluída colhida em Fujiwara – Japão, após ser submetida a palavras de agradecimento. À direita, cristalização da mesma água submetida a uma simples postura das mãos em forma de prece (reverência). Abaixo, à esquerda, o cristal formado em água congelada após receber a energia de oração em grupo. À direita, cristalização da mesma água após ser submetida a uma meditação (paz). Fotos do Dr. Masaru Emoto, Japão.

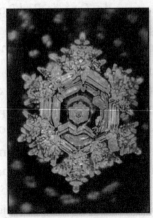 

*"Reserve uns minutos por dia para oração e meditação."*
Johnny De' Carli

07. Solicite ao consulente para cortar com a mão esquerda, separando em três montes (a mão esquerda está diretamente ligada ao hemisfério direito do cérebro, onde desenvolvemos potenciais que a nossa mente consciente desconhece, é por meio dele que afinamos nossa intuição e desenvolvemos o nosso aspecto sensorial);

08. Junte os montes na forma que lhe convier, espalhe as lâminas, num formato de leque, sobre a mesa e peça para que o consulente tire as lâminas, uma a uma, aleatoriamente, novamente com a mão esquerda, na quantidade que o tipo de jogo exigir;

09. Com muito amor, conduza o trabalho de atendimento até o seu final;

10. Com as mãos em prece, faça uma oração de agradecimento;

11. Despeça-se do consulente;

12. Descanse um pouco.

Obs.: Certa vez Albert Einstein disse: *"Nada é por acaso. Deus não joga dados com o mundo."* Não se preocupe, quando a intenção é boa, o embaralhamento sempre ocorre de acordo com o propósito Divino.

As imagens anteriores são do Dr. Masaru Emoto, pesquisador do Instituto Hado, no Japão, que submeteu amostras de água a diferentes tipos de situações (orações, palavras de agradecimento, músicas, pensamentos, etc.). Ao congelar essas amostras de água, as estruturas formadas no processo de cristalização mostraram configurações diferentes dependendo do tipo do estímulo utilizado, conforme se observa nas fotos. Provou-se cientificamente o efeito das orações e outras

> *"A força capaz de ser emanada por nossas mãos não se explica, usa-se."*
> Johnny De' Carli

situações na cristalização da água. O aumento da frequência vibratória conseguida pelo recurso da oração, meditação, palavras de agradecimento, etc., repercute no físico, garantindo uma maior harmonia dos átomos formadores da água de nossas células, melhorando o funcionamento do corpo, principalmente do sistema nervoso e endócrino, principais responsáveis pela estabilidade orgânica. Vale lembrar que temos 70% de água na formação de nosso organismo. Principalmente no sistema nervoso, há uma quantidade grande de água.

*"Não negligencie, faça sempre a sua parte."*
Johnny De' Carli

# Capítulo 7

# Métodos de Leitura

## O Jogo do Dia

Este jogo foi criado por mim, baseado na orientação filosófica do Reiki de vivermos um dia de cada vez; o "Só por hoje" presente nos 5 Princípios do Reiki. Deve ser feito logo cedo e expressará a orientação do *Tarô do Reiki*, em distintos aspectos da vida, para aquele mesmo dia. Siga o seguinte procedimento:

Coloque os quatro Arcanos Maiores logo abaixo do Arcano Universal (Símbolo *Dai Koo Myo*), da esquerda para a direita, nesta sequência: Imperador Meiji, Mestre Mikao Usui, Mestre Chujiro Hayashi e Mestre Hawayo Takata. Peça ao consulente para retirar, com a mão esquerda, quatro cartas. Coloque-as logo abaixo dos quatro Arcanos Maiores. Faça a leitura, com os seguintes significados:

Carta 1: Abaixo do Imperador Meiji: expressam as energias no nível de trabalho, material e financeiro;

Carta 2: Abaixo do Mestre Mikao Usui: apontam para a relação com a saúde física e espiritual;

Carta 3: Abaixo do Mestre Chujiro Hayashi: expressam as energias no nível mental;

> *"Viva um dia por vez e sua vida será bem mais fácil."*
> Johnny De' Carli

Carta 4: Abaixo da Mestre Hawayo Takata: se relacionam com o nível emocional e relacional.

*"Seja feliz, viva um dia e uma coisa importante de cada vez."*

Johnny De' Carli

## O Jogo da Realidade Trina

Este jogo foi baseado na energia do Reiki que sempre é trazida para a terceira dimensão, quando emitimos os mantras dos símbolos três vezes. Pergunte ao consulente em que tipo de questão está enquadrada a sua pergunta. Dependendo da resposta, coloque logo abaixo do Arcano Universal (Símbolo *Dai Koo Myo*) somente um dos quatro Arcanos Maiores, seguindo a seguinte orientação:

- Assuntos relacionados ao trabalho, às coisas materiais e às questões financeiras: coloque a carta do Imperador Meiji;
- Assuntos relacionados à saúde física e aos aspectos espirituais: coloque a carta do Mestre Mikao Usui;
- Assuntos relacionados aos aspectos mentais: coloque a carta do Mestre Chujiro Hayashi;
- Assuntos relacionados a relacionamentos, emoções e sentimentos: coloque a carta da Mestre Hawayo Takata.

Peça ao consulente para retirar, com a mão esquerda, três cartas. Coloque-as, da esquerda para a direita, logo abaixo do Arcano Maior relacionado à pergunta:

Faça a leitura, com os seguintes significados:

Carta 1: Refere-se ao passado, àquilo que deu origem à questão;

Carta 2: Como a situação se apresenta no momento presente;

Carta 3: Como a situação se refletirá no futuro.

*"O primeiro passo para ser ajudado é, com humildade, aceitar ser aconselhado."*
Johnny De' Carli

*"Muitas pessoas ouvem recomendações e conselhos, mas só os prudentes e coerentes se beneficiam deles."*

Johnny De' Carli

## Capítulo 8

# O Significado de cada um dos 22 traços do
# TARÔ DO REIKI

*"A recompensa por um trabalho bem executado é tê-lo executado."*
Johnny De' Carli

# Traço I

O Mago | Aleph

## Arcano I: Imperador Meiji
*(trabalho, material e financeiro)*

No nível de trabalho, pode indicar uma pessoa dotada de sabedoria, inteligência, capacidade, habilidade, criatividade e praticidade. Traz a ideia de atividade intensa, dinamismo sem repouso; é inquieta nas suas atribuições e negócios, com poder e que se autorrealiza. Sinaliza, também, que todos os problemas poderão ser enfrentados com sucesso, confiança, clareza e energia.

Do ponto de vista material e financeiro, numa ótica negativa, pode evidenciar uma pessoa materialista; charlatã e que faz mau uso do poder.

*"O trabalho é, ainda, o melhor meio de viver a vida."*
Johnny De' Carli

## Arcano II: Mestre Mikao Usui
*(saúde física e espiritual):*

No que se refere à saúde física, existe a condição de apontar uma pessoa vigorosa, com tendência favorável para questões de saúde; com muita vitalidade e poder sobre as enfermidades psicossomáticas. Num enfoque negativo, pode indicar problemas no aparelho fonador por excesso de uso.

No nível espiritual, pode assinalar uma pessoa que possui forte intuição; que está no início de uma jornada espiritual, no caminho para a sabedoria, que busca novos estudos, filosofias e crenças.

## Arcano III: Mestre Chujiro Hayashi *(mental)*

Do ponto de vista mental, pode indicar uma pessoa dotada de clareza, atenção e inteligência rápida; com capacidade de concentração sem esforço e com facilidade para combinar as coisas.

## Arcano IV: Mestre Hawayo Takata
*(emocional e relacional)*

No nível relacional, há a indicação de uma pessoa comunicativa, eloquente, espontânea, fascinante e diplomática; com grande capacidade de influenciar, persuadir, sugestionar e convencer pessoas; generosa e cortês. Num prisma negativo, uma pessoa dominadora, manipuladora, politiqueira, mentirosa, impostora, ilusionista, exploradora de inocentes; com ausência de escrúpulos, que faz intrigas. Também é propícia a discussões e brigas que podem se tornar violentas; alguém que só visa o seu próprio proveito.

> *"Desenvolva o sublime hábito de levantar as pessoas e não de derrubá-las."*
> Johnny De' Carli

# Traço II

A Sacerdotisa | Beth

## Arcano I: Imperador Meiji
*(trabalho, material e financeiro)*

No que se refere ao nível de trabalho, pode indicar que o momento é de planejamento e reflexão, de ouvir a voz interior e executar suas tarefas com paciência, bom senso, equilíbrio e serenidade. Com essa postura consciente, certamente somos orientados para o melhor caminho. Através dessa maneira de agir, observa-se que o indivíduo, o qual está inserido nesse contexto, possui bastante poder sobre os acontecimentos. Por outro lado, dentro de um enfoque negativo, pode representar uma pessoa com intenções secretas, mesquinha, preguiçosa, que atrasa suas tarefas, tornando-se lenta nas realizações.

Do ponto de vista material e financeiro, sugere resignação, calma e análise.

*"Se você recuar, ficará mais fácil observar a humanidade como um todo."*

Johnny De' Carli

## Arcano II: Mestre Mikao Usui
*(saúde física e espiritual)*

Em termos de saúde física, pode assinalar uma boa condição; entretanto, com um ritmo físico lento; o que não é bom para a saúde quando se pensa em um longo prazo.

No nível espiritual, pode indicar uma pessoa consciente, de fé inabalável, dotada de profundo sentimento religioso, mística, intuitiva, sábia, meditativa, silenciosa, contemplativa; cujas forças do inconsciente estão voltadas para o bem do próximo. Sob outro olhar, pode denotar uma pessoa dotada de fanatismo religioso.

## Arcano III: Mestre Chujiro Hayashi *(mental)*

No aspecto mental, pode apontar uma pessoa atenta, dotada de grande riqueza de ideias e que não tem dúvidas do que deseja.

## Arcano IV: Mestre Hawayo Takata
*(emocional e relacional)*

Do ponto de vista emocional, pode assinalar uma pessoa emocionalmente muito equilibrada, confiante, sensível, paciente, reservada, introspectiva, discreta e silenciosa.

No nível relacional, pode-se ver uma pessoa receptiva, dedicada, amistosa, bondosa, sempre pronta a ensinar, piedosa, compreensiva e que sabe esperar pacientemente, porque tem a consciência de que tudo acontece no tempo certo.

Se a pessoa estiver só, pode-se entender que se encontra profundamente voltada para o seu eu interior. Está em paz, sem pressa de uma relação. Este comportamento muitas vezes

*"A consciência é uma janela. Uma espécie de janela que permite que você veja tudo."*
Johnny De' Carli

impede a aproximação das pessoas; dessa forma, perdem-se oportunidades de boas relações. Num enfoque negativo, pode indicar uma relação dissimulada, hipócrita, indiferente, pouco afetuosa. Às vezes, pode dar a conotação também de ressentimento, de certo distanciamento do parceiro.

*"O que você faz revela melhor o que você é do que você fala."*

Johnny De' Carli

# Traço III

A IMPERATRIZ | GHIMEL

## Arcano I: Imperador Meiji
*(trabalho, material e financeiro)*

No nível de trabalho, há a indicação de uma pessoa poderosa nas ações; que concretiza, detentora de uma força geradora que desenvolve e transforma, que quando abraça uma causa, com certeza, a mesma lhe dará frutos. Indivíduo esse que tem a capacidade de fecundar; onde está presente, tudo prospera e desenvolve; pessoa distinta, criativa, com talento artístico e instruída. Traz consigo, de uma maneira marcante, alterações, mudanças de responsabilidades; constantemente propiciando o novo: o início de algo.

Do ponto de vista material e financeiro, vê-se elegância, sucesso, prosperidade e abundância. Os saldos obtidos são positivos: há riqueza, luxo. Observa-se, também, esperança, equilíbrio, resposta rápida na solução dos problemas,

*"A verdadeira prosperidade não ocorre por acaso, é sempre fruto da perseverança e de muito suor derramado."*
Johnny De' Carli

levando à melhora da situação como um todo; verifica-se o uso equilibrado dos ganhos materiais.

Olhando de outra maneira, pode indicar uma pessoa vaidosa, fútil, com falta de refinamento, que realiza gastos em excesso e que desperdiça.

### Arcano II: Mestre Mikao Usui
*(saúde física e espiritual)*

Sob o aspecto da saúde física, podem ser observadas condições propícias de fertilidade, no que tange à probabilidade de gravidez; uma pessoa detentora de uma inesgotável fonte de energia vital.

No que concerne ao lado espiritual, pode apontar domínio do espírito; momento de abertura de um caminho para novas percepções de compreensão, enriquecimento e desenvolvimento da consciência.

### Arcano III: Mestre Chujiro Hayashi *(mental)*

Do ponto de vista mental, pode indicar uma pessoa objetiva, prática, racional; com pensamento fecundo, com ideias claras, inteligente e inovadora.

### Arcano IV: Mestre Hawayo Takata
*(emocional e relacional)*

No que se refere ao ponto de vista emocional, vislumbra-se uma pessoa que associa a emoção com a intuição.

No nível relacional, nos apresenta indicação de uma pessoa com enorme potencial de comunicação; encantadora e com grande capacidade para penetrar na alma dos seres;

*"É impossível uma grande conquista sem antes obter pequenas conquistas sobre si próprio."*
Johnny De' Carli

compreensiva, amável e cortês. Pode, inclusive, indicar relações satisfatórias, prazerosas, alegres; podendo apontar, também, uma condição de aumento no número de membros de uma família, ou seja, uma nova gravidez. Favorece o início de uma relação.

Dentro de uma ótica que enfoca o lado negativo, pode-se observar uma pessoa orgulhosa, indiferente, suscetível a adulações; conflituosa e que se envolve em discussões em diversos planos de sua existência.

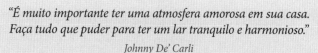

*"É muito importante ter uma atmosfera amorosa em sua casa. Faça tudo que puder para ter um lar tranquilo e harmonioso."*
Johnny De' Carli

# Traço IV

O Imperador | Daleth

## Arcano I: Imperador Meiji
*(trabalho, material e financeiro)*

No nível de trabalho, quando se trata de assuntos ligados à matéria, pode indicar uma pessoa com potencial de liderança, de autoridade, de comando, de trabalho árduo, de poder executivo firme e forte; com capacidade de realização, que concretiza, que organiza, que traz estabilidade. Pode-se antever uma pessoa determinada e perseverante; de coragem, responsabilidade e integridade; ordeira, disciplinada; obediente e consistente; dotada de habilidades práticas em todos os assuntos; de prestígio e com disponibilidade diante de qualquer problema.

Do ponto de vista material e financeiro, os seus propósitos têm sempre bases reais e objetivas; traz-nos a certeza da realização. Numa visão negativa, pode indicar resultados contrários ao pretendido; queda, perda dos bens e do domínio sobre coisas; grande risco de ser enganado.

*"Só saberá chefiar quem aprendeu antes a obedecer."*
Johnny De' Carli

## Arcano II: Mestre Mikao Usui
*(saúde física e espiritual)*

Analisando pelo aspecto da saúde física, pode apontar uma saúde equilibrada. Existe, entretanto, uma tendência à tensão, perda da saúde e autodestruição.

No nível espiritual, pode indicar uma pessoa voltada ao plano físico, à matéria e que se desvia de assuntos voltados à espiritualidade.

## Arcano III: Mestre Chujiro Hayashi *(mental)*

Do ponto de vista mental, pode evidenciar uma pessoa com clareza de ideias e com ordem para atingir seus objetivos. Traz, também, a noção de lógica administrativa; inteligência equilibrada; em paz e certa do que deseja.

## Arcano IV: Mestre Hawayo Takata
*(emocional e relacional)*

No que se refere à parte emocional, pode apontar uma pessoa racional, cuja maior preocupação se volta para a segurança e a estabilidade daqueles que a cercam; as emoções e os sentimentos estão num segundo plano: rígida e fria diante de qualquer problema.

No nível relacional, pode indicar uma pessoa dotada de excesso de proteção paternal; com retidão de caráter, voltada para o bem servir: seja à família, aos amigos ou à sociedade. No nível dos relacionamentos afetivos, sinaliza uma relação estável e de confiança; que traz segurança. Se estiver só, pode indicar que o objeto da procura numa relação é, antes de tudo, uma estabilidade material.

> *"A razão nos aponta o que se deve fazer ou evitar."*
> Johnny De' Carli

Numa visão negativa, pode trazer a ideia de uma pessoa possessiva, rígida, teimosa, autoritária, tirana, opositora tenaz, hostil; uma adversária obstinada.

*"O que identifica o caráter de uma pessoa é a maneira como ela trata os mais fracos e humildes."*
Johnny De' Carli

# Traço V

O Hierofante | He

## Arcano I: Imperador Meiji
*(trabalho, material e financeiro)*

No nível de trabalho, pode-se vislumbrar uma pessoa altruísta, muito mais voltada para os valores morais. Trabalha por vocação, por amor; que busca sentido nas coisas, que procura o equilíbrio entre os bons resultados e a satisfação interna, atitude essa que traz estabilidade e respeitabilidade; proporciona, principalmente, soluções lógicas; com vocação religiosa ou científica, portadora de grande sabedoria, ordem, organização; voltada a trabalhar na legalidade, ética e disciplina.

Num enfoque negativo, assinala um chefe sentencioso, moralista, rígido, prisioneiro das formalidades; professor autoritário, teórico limitado e negligente.

Do ponto de vista material e financeiro, pode indicar equilíbrio e segurança na situação.

> *"Todas as receitas para a felicidade baseiam-se sempre em um ideal superior."*
> Johnny De' Carli

Por outro lado, existe a ideia de pobreza por opção; um projeto retardado; prejuízos financeiros ocasionados por desatenção com as coisas materiais.

### Arcano II: Mestre Mikao Usui
*(saúde física e espiritual)*

No que se relaciona à saúde física, verifica-se a presença de equilíbrio e meio-termo.

Com relação à parte espiritual, pode apontar uma pessoa com o espírito maduro, a qual possui muita experiência, portadora de grande sabedoria, representando um guia, um mestre espiritual.

Pode transparecer aquela pessoa que faz uma ponte entre o mundo espiritual e o material; de autoridade moral e que busca a transcendência: a Iluminação. Voltada ao sacerdócio, benevolente, generosa e que sabe perdoar; que organiza as coisas divinas, espirituais, que indica um caminho da boa conduta, da virtude e dos valores morais para o nosso desenvolvimento espiritual; de muita fé em Deus; que se apoia na intuição em paralelo ao uso do intelecto.

### Arcano III: Mestre Chujiro Hayashi *(mental)*

Do ponto de vista mental, aponta uma pessoa com os pensamentos inspirados por um nível mais alto de consciência, instruída e inteligente.

Num sentido negativo, indica uma pessoa desprovida de razão e indecisa.

*"É impossível ser um bom mestre, sem antes ter sido um bom aprendiz."*
Johnny De' Carli

## Arcano IV: Mestre Hawayo Takata
*(emocional e relacional)*

Observando o aspecto emocional, verifica-se um indivíduo com laços afetivos sólidos, mas que não cai em sentimentalismos.

No nível relacional, há a condição de apontar uma pessoa cuja relação não traz consigo a paixão; um pouco monótona. O que transparece são ideias comuns, sejam intelectuais ou espirituais. Pode-se ver, também, uma conselheira que ensina com equilíbrio as coisas sagradas, sempre pronta a ajudar, a orientar, nunca a julgar; protetora, leal, mansa, compreensiva e que expressa muita confiança. Pode indicar, também, o desejo ou intenção com relação a casamento.

Num enfoque negativo, pode apontar um conselheiro desprovido de sentido prático, pregador da "boca pra fora"; autoritário e teórico.

*"Procure estar presente,
quando as pessoas precisarem de você."*
Johnny De' Carli

# Traço VI

Os Amantes | Vav

### Arcano I: Imperador Meiji
*(trabalho, material e financeiro)*

No nível de trabalho, pode indicar a iminência de uma decisão, uma escolha a ser realizada por vontade própria, exercendo o livre-arbítrio. Uma situação de ter que fazer uma opção entre duas possibilidades. Trata-se de um momento de avaliação, ponderação, deliberação e responsabilidade, para que uma atitude irrefletida não cause prejuízos, pois, esta escolha trará alterações no rumo profissional.

Olhando pelo sentido negativo, pode trazer a ideia de um momento de dúvida, indecisão, impotência e debilidade.

Do ponto de vista material e financeiro, pode indicar falta de prumo.

*"Somente você pode decidir o que é bom para você."*
Johnny De' Carli

## Arcano II: Mestre Mikao Usui
*(saúde física e espiritual)*

Analisando a parte espiritual, pode significar um momento de decisão, que levará a um amadurecimento. Escolhas difíceis podem implicar em sofrimento que, certamente, conduz a um processo de evolução e crescimento interior.

## Arcano III: Mestre Chujiro Hayashi *(mental)*

No que concerne à parte mental, pode vir à tona um momento de dúvida e indecisão pela necessidade de fazer uma opção entre dois caminhos.

## Arcano IV: Mestre Hawayo Takata
*(emocional e relacional)*

Do ponto de vista emocional, pode indicar a existência de amor incondicional.

No nível dos relacionamentos, esta carta mostra a iminência de uma escolha a ser realizada entre duas hipóteses, por vontade própria. Ainda que seja a opção de seguir, com o mesmo parceiro, um novo caminho. Pode indicar um novo relacionamento ou experiência amorosa, um pedido de casamento, matrimônio, união, envolvimento afetivo, disposição amorosa, sentimentos. O importante é que essa decisão seja tomada pelo coração, com amor e determinação.

Num enfoque negativo, pode apontar dúvida, indecisão, má conduta, infidelidade, libertinagem, ruptura, separação, divórcio, desordem, tentações perigosas e risco de sedução.

> *"De nada adianta um bom vento,*
> *se o timoneiro não sabe para que porto velejar."*
> Johnny De' Carli

# Traço VII

O Carro | Zain

## Arcano I: Imperador Meiji
*(trabalho, material e financeiro)*

No nível de trabalho, pode apontar o início de uma nova atividade ou maiores responsabilidades a assumir; talento, dons, capacidade, aptidões postas em marcha; difusão das atividades, novos objetivos; rapidez nas ações, mobilidade; avanço merecido; oportunidades. Mostra um momento de grande empenho e disposição para alcançar o sucesso, coragem, ousadia, força de vontade, determinação e perseverança para realizar; progresso, êxito, conquista; tato e competência para administrar.

Do ponto de vista material e financeiro, pode propiciar viagens por terra; deslocamentos rápidos; gastos ou ganhos, ou seja, movimento de fundos.

Num enfoque negativo, pode indicar uma notícia inesperada; um caminho desconhecido e com obstáculos;

*"Quando iniciar uma tarefa importante, termine-a."*
Johnny De' Carli

batalhas e dificuldades a serem travadas, situações em que se precisará de muita resistência para superá-las; ambições injustificadas; oportunismo; perda de controle.

## Arcano II: Mestre Mikao Usui
*(saúde física e espiritual)*

No que concerne à saúde física, pode assinalar uma boa condição, força, atividade intensa. Num enfoque negativo, pode indicar cansaço.

No nível espiritual, pode transparecer um momento em que se está sedento por novos conceitos, aberto para o autoconhecimento e buscando um caminho de crescimento. Até então, as conquistas estão no âmbito da matéria, no plano visível e não dentro da própria pessoa.

## Arcano III: Mestre Chujiro Hayashi *(mental)*

Do ponto de vista mental, pode significar grande força; novas ideias; discernimento e a certeza do querer progredir.

## Arcano IV: Mestre Hawayo Takata
*(emocional e relacional)*

No que se refere ao emocional, pode indicar um momento alegre; manifestação de afeto; anseios pela liberdade; disposição para agir; preocupações.

No nível relacional, pode traduzir o início ou o progresso de uma relação; novas energias revigorantes em uma já existente; segurança; aquecimento, desejo e paixão no relacionamento; diplomacia; conciliação de forças divergentes; uma relação protetora.

> *"Qualquer pessoa pode ser modificada para melhorar, se ela assim se propuser."*
> Johnny De' Carli

Observando o lado negativo, pode apontar a saída de um relacionamento no qual o indivíduo se sentia sufocado, neste caso é bom considerar o conjunto de cartas; mudanças provocadas pela palavra: elogios, calúnias; vanglória; megalomania.

> *"Somente o problema que você aceitar e enfrentar poderá desaparecer. Aquilo a que você ignorar ou não aceitar, persistirá."*
> Johnny De' Carli

# Traço VIII

A JUSTIÇA | HETH

## Arcano I: Imperador Meiji
*(trabalho, material e financeiro)*

No nível de trabalho, significa clareza e objetividade no cumprimento de nossas tarefas; capacidade de avaliação, coordenação e administração; soluções práticas, boas e justas; harmonia, conciliação entre o ideal e o possível; flexibilidade, adaptação às necessidades; ordem, disciplina, obediência, normalidade; autoridade para apreciar cada coisa no momento oportuno; regularidade, método; austeridade; correção; persistência; É uma carta promissora nos assuntos relacionados a parcerias, contratos e sociedades, podendo indicar que seremos beneficiados por decisões tomadas por terceiros.

Do ponto de vista material e financeiro, pode significar bons resultados com relação ao trabalho honesto, à ação correta, às sentenças justas, ainda que estes resultados não

*"Ser honesto é fazer aos outros, o que gostaríamos que fizessem a nós."*
Johnny De' Carli

sejam aqueles esperados por nós. Traz a ideia de equilíbrio; prestação de contas; economia.

Por outro lado, pode significar perda; um processo judicial.

### Arcano II: Mestre Mikao Usui
*(saúde física e espiritual)*

Sob o aspecto da saúde física, pode indicar equilíbrio da mesma, porém com tendência a problemas decorrentes de excessos (obesidade, acidente vascular cerebral), devidos à imobilidade.

No nível espiritual, vislumbra-se a lei de causa e efeito; sugere responsabilidade, ponderação e cautela diante das obrigações e deveres, pois se colhe tudo o que se semeia, seja no bem ou no mal. Indica uma pessoa justa, honesta, de retidão e moral.

No nível da consciência, verifica-se que buscamos um equilíbrio, uma harmonia, porém estamos muito voltados a uma compreensão lógica e pragmática. Abandono de velhos hábitos.

### Arcano III: Mestre Chujiro Hayashi *(mental)*

Do ponto de vista mental, pode apontar uma mente equilibrada, racional, objetiva, que traz lógica e clareza para os pensamentos e, consequentemente, atitudes equilibradas e sensatas, tendo como base princípios éticos e não diplomáticos.

*"Nessa vida, as pessoas colhem o que plantam. Plante o bem."*
Johnny De' Carli

## Arcano IV: Mestre Hawayo Takata
*(emocional e relacional)*

No lado emocional, pode indicar uma pessoa fria, árida, seca e imparcial; o que a faz se relacionar de maneira racional, não se deixando influenciar pelas paixões mundanas e pelas emoções.

No nível relacional, assinala uma pessoa equilibrada, objetiva, harmônica e estável; portadora de opiniões moderadas, sensata; possuidora de conselhos que permitem avaliar com justeza; sincera.

Num enfoque negativo, pode, às vezes, mostrar certa frieza e distanciamento entre os parceiros; falta de paixão ou assuntos que poderão estar mal resolvidos. Neste âmbito, será necessário um ajustamento. Pode também indicar a possibilidade de corte dos vínculos afetivos, divórcio, separação; rigor; perigo de ser vítima de vigaristas.

*"Há apenas um caminho para se sair bem numa discussão: evitá-la."*
Johnny De' Carli

# Traço IX

O Eremita | Teth

## Arcano I: Imperador Meiji
*(trabalho, material e financeiro)*

No nível de trabalho, pode indicar uma fase de reclusão e introspecção onde se reflete e se avalia de forma clara e com muita prudência. Desta reflexão e clareza de ideias, pode-se chegar a novos conceitos para a transformação dos nossos objetivos. Tudo transcorrerá de forma lenta. É um momento de estudos profundos, de realizações em longo prazo. É uma carta de tempo, pois nos conduz a uma reflexão antes de tomarmos uma decisão; que luz refletir-se-á sobre projetos até agora ocultos. Pode significar, também, um momento de afastamento de atividades; aposentadoria.

Do ponto de vista material e financeiro, pode assinalar austeridade; avareza; pobreza.

*"Reflita bastante, mas uma vez iniciada uma tarefa importante, não a ignore antes de ser concluída."*
Johnny De' Carli

## Arcano II: Mestre Mikao Usui
*(saúde física e espiritual)*

Analisando a saúde física, pode trazer à tona o conhecimento do estado real; consultas que podem trazer alento para os problemas.

No nível espiritual, pode indicar um buscador incansável, um iniciado; um momento de reclusão, de profunda introspecção que levará a grandes buscas em favor do crescimento. O mesmo poderá advir por meio do jejum, da meditação, do silêncio, da sobriedade ou de vivências espirituais, práticas essas que nos enchem de força, nos revigoram e nos conduzem a um autoconhecimento, à iluminação interior. Procedimentos que requerem passos lentos, não haver pressa, seguir o estudo com inteligência e prudência em longo prazo, podendo-se chegar a uma realização interior. Indica a maturidade do grande sábio que reconhece o momento certo, com clareza e discernimento; um momento de trazer à luz verdades que estaremos prontos a enxergar; celibato; castidade.

## Arcano III: Mestre Chujiro Hayashi *(mental)*

Do ponto de vista mental, traz a ideia de contribuição clara à resolução de qualquer problema.

## Arcano IV: Mestre Hawayo Takata
*(emocional e relacional)*

No que se refere ao emocional, pode indicar prudência, não por temor, mas para melhor construir; timidez; depressão.

No nível relacional, pode apontar uma ligação mais madura, reservada, moderada, discreta, limitada; onde se tem a

> *"O processo de iluminação deve ser lento e gradual, uma iluminação repentina poderia ofuscar a visão."*
> Johnny De' Carli

certeza do que é realmente importante; onde tudo está tranquilo e em paz; onde existe a compreensão de que, mesmo dentro de uma relação, também se tem a necessidade de estar a sós; a solidão a dois; um esclarecimento que chegará de modo espontâneo.

Numa ótica negativa, pode assinalar uma pessoa isolada, fechada para relações; de caráter introspectivo; conspiradora; um distanciamento dentro da relação já existente.

*"Organize-se. A organização traz paz."*
Johnny De' Carli

# TRAÇO X

A Roda da Fortuna | Iod

## Arcano I: Imperador Meiji
*(trabalho, material e financeiro)*

No nível do trabalho, pode indicar grandes mudanças que nos são impostas pelo destino e que teremos que administrar. Este momento sugere instabilidade e alteração de planos. Pode nos trazer boas oportunidades, dependendo de como vivenciarmos estas transformações.

Do ponto de vista material e financeiro, pode trazer a ideia de incerteza, ganhos ou perdas.

## Arcano II: Mestre Mikao Usui
*(saúde física e espiritual)*

Do ponto de vista da saúde física, pode apontar temporalidade sobre a situação atual.

No nível espiritual, pode haver a indicação de um chamado ao amadurecimento, ao crescimento, através de algo inevitável;

> "Não existe um momento estático em que tudo estabiliza de uma determinada forma. O bom e o ruim mudam."
> Johnny De' Carli

porém, passageiro. São oportunidades que nos são impostas, mas que sempre nos trazem um crescimento e um novo momento na vida. É preciso ter calma, cautela, aceitar e procurar entender a situação; com certeza, ela nos levará a uma lição, portanto o resultado será positivo.

### Arcano III: Mestre Chujiro Hayashi *(mental)*

Do ponto de vista mental, pode indicar lógica.

### Arcano IV: Mestre Hawayo Takata
### *(emocional e relacional)*

No que se refere ao aspecto emocional, sugere uma incerteza temporária.

No nível relacional, pode trazer a ideia de inconstância. É um momento em que a pessoa não se fixa emocionalmente, ela sente enorme atração pelo novo e isto a impede de envolver-se numa relação, causando grande ansiedade.

*"Na hora que você muda, toda a existência muda."*
Johnny De' Carli

# Traço XI

A Força | Kaph

## Arcano I: Imperador Meiji
*(trabalho, material e financeiro)*

No nível de trabalho, pode indicar um momento de grande esforço, de dedicar-se às tarefas com vontade e que se deve agir com coragem e disciplina. Os resultados serão positivos, é um momento favorável ao sucesso, à realização e ao empreendimento. Indica, também, uma pessoa que faz uso da autoridade sem o uso do autoritarismo.

Do ponto de vista material e financeiro, há a condição de apontar lucro nos empreendimentos empresariais e a necessidade de fazer valer seus legítimos direitos.

## Arcano II: Mestre Mikao Usui
*(saúde física e espiritual)*

No que concerne à saúde física, assinala um momento de integração harmoniosa das forças vitais.

> *"Quanto mais para trás puxa o arqueiro, mais longe a flecha irá chegar. Faça sempre a sua parte, da melhor forma."*
> Johnny De' Carli

No nível espiritual, esta carta indica força moral e domínio do espírito sobre a matéria. Remete-nos a uma enorme modificação interna; o momento em que tomamos consciência destas forças primitivas dentro de nós e que conseguimos uma integração com elas, transformando-as e não as reprimindo. É a sabedoria envolvendo esta energia animal, são duas energias distintas que unidas se fortalecem e se potencializam, podendo ser direcionadas para um caminho de autoconhecimento e de elevação.

**Arcano III: Mestre Chujiro Hayashi** *(mental)*

Com relação à parte mental, vê-se a inteligência bem aplicada; harmonia interior, calma, clareza e capacidade de direcionar assuntos materiais.

**Arcano IV: Mestre Hawayo Takata**
*(emocional e relacional)*

Analisando o aspecto emocional, esta carta sugere alegria, vitalidade, paixão, energia, disposição para se arriscar, coragem, convicção e a força de vontade necessária para agir diante dos desafios e obstáculos.

No nível relacional, pode vir à tona um momento de desejo, de forte atração, de sexualidade; mostra uma relação de prazer, de temperamento ardente, uma grande paixão. Pode não apontar algo duradouro.

Num enfoque negativo, pode indicar uma pessoa orgulhosa e egoísta.

*"O grande obstáculo é conseguir vencer a si mesmo."*
Johnny De' Carli

# Traço XII

O Enforcado | Lamed

## Arcano I: Imperador Meiji
*(trabalho, material e financeiro)*

No nível de trabalho, sugere estagnação, um momento de completa inércia, em que nada se realiza; falta de progressos, obstáculos. As dificuldades são muito aparentes, promoções ficam inertes e projetos paralisados. Esta é uma carta de sacrifício, resignação e renúncia dos sonhos, valores e objetivos. Diante desta situação de paralisação, o ideal é aceitar, dar uma pausa, buscar compreensão, reflexão e meditação. É preciso uma reavaliação para enxergar onde se errou e ver além das aparências, ou seja, a essência. Buscar mudar as atitudes para que se comece a trilhar um novo caminho.

Pode indicar, também, submissão ao dever; mudança de vida, atividades em processo de amadurecimento; abandono de algumas coisas, projetos abortados; planos ocultos; um projeto bem concebido que não sai do papel; projetos duvidosos.

*"Por mais demorada e tenebrosa que possa ser uma noite, a manhã sempre chega e o sol volta a brilhar. Tudo passa."*
Johnny De' Carli

Do ponto de vista material e financeiro, sugere que haja perdas, renúncias.

### Arcano II: Mestre Mikao Usui
*(saúde física e espiritual)*

No que se refere à saúde física, pode assinalar impedimento momentâneo para a ação, transtornos circulatórios; uma gestação complicada.

No nível espiritual, sugere uma pessoa detentora de um espírito abnegado, tipo Madre Teresa de Calcutá. Aponta, também, uma situação desconfortável de completa imobilidade (desemprego, acidente, doença, problema sério familiar, etc.), de sacrifício interno ou externo, que, geralmente, conduzirá a pessoa a uma reflexão, a um bem maior, uma oportunidade de crescimento e modificação interior, despertando em si uma postura mais consciente. Certamente, com o encerramento deste ciclo, se sairá renovada, com uma nova visão e disposição para um recomeço.

### Arcano III: Mestre Chujiro Hayashi *(mental)*

Analisando o aspecto mental, há a indicação de paz interior, de ideias voltadas para o futuro e de uma nova visão da vida.

### Arcano IV: Mestre Hawayo Takata
*(emocional e relacional)*

Do ponto de vista emocional, sugere passividade, desinteresse, esquecimento de si mesmo; impotência; requer muita paciência, pois a situação é de estagnação. Esta carta pode indicar, também, um sacrifício por patriotismo.

*"Ao longo de sua vida, nunca perca a esperança em meio ao mais sombrio sofrimento, são as nuvens mais escuras que nos fornecem a água mais pura e cristalina."*
Johnny De' Carli

No nível relacional, aponta a dificuldade de se sair de uma determinada relação, muito embora ela seja de sacrifício e incômoda. Traz a condição de vivenciar um esforço inútil de se procurar um novo parceiro. De qualquer forma, nesse âmbito, será preciso dar um tempo, procurar olhar para a situação de outra maneira, mudar a postura, repensar, pois a situação só se resolverá quando houver uma mudança interna.

Num enfoque negativo, no campo afetivo, pode transparecer falta de clareza; indecisão; promessas não cumpridas; amor não correspondido.

*"Os maiores obstáculos são aqueles criados por nós mesmos."*
Johnny De' Carli

# Traço XIII

A Morte | Mem

## Arcano I: Imperador Meiji
*(trabalho, material e financeiro)*

Analisando o aspecto de trabalho, esta carta simboliza o fim necessário de uma fase ou de uma atividade que chegou ao término de forma natural. É um momento em que se é convidado a adotar uma nova postura, a provocar mudanças que encerram o passado, para, então, começar a trilhar um novo caminho. Pode não ser exatamente a perda do emprego, mas uma mudança de atividade, negócio ou forma de trabalhar. De qualquer forma, é um ciclo que se encerra podendo trazer certo desconforto ou aborrecimentos na transição para o novo. Corta-se aquilo que se tornou prejudicial, que não faz mais sentido na vida. É um momento de libertação, de grandes transformações, deve-se desprender das últimas amarras, desapegar-se, a fim de estar aberto para o novo. Somente permanecerá a essência, o que realmente foi importante.

*"Observe que sempre que se fecha uma porta em sua vida, outra se abre. A maioria se abate com tanta tristeza com a porta fechada que deixa de perceber a que se abriu."*

Johnny De' Carli

Do ponto de vista material e financeiro, pode-se vislumbrar o fim necessário de algo, um prazo final; perdas, maus acontecimentos, más notícias; criação ou destruição.

## Arcano II: Mestre Mikao Usui
### *(saúde física e espiritual)*

No que se refere à saúde física, existe a possibilidade de uma necessidade de cirurgia; imobilidade; uma lesão incurável; o fim de uma fase; a morte do corpo físico.

No nível espiritual, retrata todos os ciclos de vida, sejam eles bons ou ruins. Sempre que se encerra um ciclo, outro começa. Esta carta nos fala do princípio universal da transformação, do momento de o velho sucumbir e dar espaço para o novo. Trata de renascimento e renovação, do processo pelo qual chegamos a uma nova realidade, a um novo estado. Pode indicar, também, que o espírito possa vir a deixar o corpo físico a fim de viver em outra dimensão, de fazer a transição chamada "morte", uma transformação espiritual que, gradativamente, conduz o ser à iluminação.

## Arcano III: Mestre Chujiro Hayashi *(mental)*

Do ponto de vista mental, indica renovação de ideias, momento de romper com velhas atitudes, abandonar velhos hábitos, metodologias, tudo o que foi plantado dentro da pessoa ao longo de uma vida inteira, todos os "rastros" deixados por pais, parceiros, ídolos, professores. Esvaziar-se para, então, entrar numa nova vida, com mais domínio sobre si mesmo, de forma mais profunda e autêntica. Abandonam-se padrões antigos de comportamentos para seguir norteado por novos conceitos.

> "A maioria das pessoas só aprende as lições da vida depois que a mão dura do destino lhes toca os ombros."
> Johnny De' Carli

## Arcano IV: Mestre Hawayo Takata
*(emocional e relacional)*

No lado emocional, aponta a destruição de uma boa emoção, de uma esperança; desilusão, pessimismo, desânimo, dispersão e perda da coragem.

O aspecto relacional pode sugerir que a relação atual chegou a um fim necessário. Às vezes, a despedida do companheiro poderá trazer dor, um momento difícil, pois, geralmente, não se está preparado para a desintegração, para se desapegar. É importante estar atento nesta transição, visto que, neste momento de mudança, há vida em abundância e para vivê-la cabe a cada um se permitir. A morte do velho dará lugar ao novo.

*"A saudade não mata, mas martiriza um coração."*
Johnny De' Carli

# Traço XIV

A Temperança | Num

## Arcano I: Imperador Meiji
*(trabalho, material e financeiro)*

No que se refere ao trabalho, sugere um ambiente de paz e serenidade, um momento em que há o domínio dessa atividade com equilíbrio e harmonia. Pode indicar uma situação de estabilidade profissional, onde os acontecimentos seguem num caminhar ordenado, com muita reflexão, porém de uma forma muito lenta. Portanto, se a pessoa depende de resultados rápidos, deixa de ter este formato positivo, não havendo nada a fazer senão aceitar e esperar o fluxo natural, deixando o tempo agir. Aponta uma grande habilidade, praticidade, capacidade de conciliação para se lidar com as situações difíceis nos negócios, atividades e empreendimentos.

Com relação aos aspectos material e financeiro, traz à tona a ideia de moderação nos gastos.

*"Muitos vão muito rápido,
mas não chegam a lugar nenhum."*
Johnny De' Carli

## Arcano II: Mestre Mikao Usui
*(saúde física e espiritual)*

Do ponto de vista da saúde física, sugere os atos de comer, beber, repousar e exercitar-se na "medida certa". Pode indicar boa saúde, pois somente um profundo equilíbrio emocional e comportamental, com a alimentação e os costumes, poderá levar as pessoas a uma saúde plena. Aponta, também, uma grande habilidade para lidar com os problemas que podem surgir nessa área.

No nível espiritual, indica o equilíbrio entre o corpo e o espírito, o ponto exato entre o material e o espiritual, o "caminho do meio" pregado por Buda. Trata-se de integrar os opostos, de unificar para o nascimento de uma nova força que virá por meio da reflexão. A serenidade e o desprendimento que se consegue desta união enche as pessoas de luz e de força, aumentando a conexão com o Divino, a tal ponto que se irradia para os outros toda essa luminosidade e harmonia.

## Arcano III: Mestre Chujiro Hayashi *(mental)*

Observando o lado mental, há a menção de paz, serenidade e o equilíbrio entre a razão e a emoção.

## Arcano IV: Mestre Hawayo Takata
*(emocional e relacional)*

Quanto ao aspecto emocional, sugere equilíbrio. Pode indicar felicidade, paciência e tolerância.

Num enfoque negativo, pode, também, apontar traços de preguiça, passividade e inconstância.

> "A boa saúde sempre dependerá muito mais de cuidados preventivos do que de médicos."
> Johnny De' Carli

No nível dos relacionamentos, esta carta sugere uma relação estável, de muita harmonia, flexibilidade e moderação. Fala exatamente da "medida certa", o ponto exato entre o amor e o egoísmo, entre o saber falar e o saber calar. Demonstra sentimentos sublimes, união pacífica e feliz, de forte companheirismo. Ela pode ser, também, o prenúncio de uma nova relação, caso se esteja em busca da mesma. Numa visão negativa, pode traduzir uma relação de tédio, sem emoções fortes, ou seja, um relacionamento marcado pela rotina.

"A beleza de saber viver consiste unicamente
na beleza de saber conviver."
*Johnny De' Carli*

# Traço XV

O Diabo | Samech

## Arcano I: Imperador Meiji
*(trabalho, material e financeiro)*

No nível de trabalho, verifica-se disposição e vitalidade que, quando presentes de maneira consciente e equilibrada, poderão gerar um forte poder de administração com relação ao lado material da vida e grande capacidade de realizações concretas. Num enfoque negativo, indica o emprego de meios ilícitos. O sucesso tende a ser obtido por vias censuráveis. Recomenda-se cautela com forças obscuras, para não se deixar levar pelas aparências do mundo ilusório; repleto de desejos e paixões, situações atraentes, tentadoras e provocantes. Existe a possibilidade de cair nas extravagâncias e, de repente, se ver envolvido em situações que se chocam com os princípios éticos e convicções pessoais.

Do ponto de vista material e financeiro, aponta um forte domínio e atração pelo poder material. Sugere, num enfoque

*"Não se encontra o que é correto com meios incorretos."*
Johnny De' Carli

negativo, desordem e descontrole nos gastos com os vícios de todos os gêneros.

## Arcano II: Mestre Mikao Usui
### *(saúde física e espiritual)*

Analisando a saúde física, pode indicar bem-estar, força, vitalidade e energia sexual, que se forem bem direcionadas, podem se transformar em energias construtivas. Se mal direcionadas, poderão acarretar sérios problemas. Sob um ângulo negativo, pode trazer complicações, pioras, tensões, grande instabilidade nervosa, transtornos psíquicos e aparição de enfermidades hereditárias. Recomendam-se cuidados com todos os excessos, tentações de todos os tipos, enfim, com todas as coisas sobre as quais perdemos o controle e que a princípio são agradáveis, mas que com o passar do tempo se tornam destrutíveis. São dependências que podem levar a um vício, uma escravidão emocional ou física, fazendo-nos agir de forma descontrolada.

No nível espiritual, sugere um momento de confrontação com os nossos defeitos e imperfeições, os quais geralmente não queremos enxergar. Pode indicar provações e a existência de magias. Num prisma negativo, aponta que a pessoa está voltada para os aspectos materiais, os instintos, o que torna difícil uma abertura de consciência. Traz a ideia de que para a pessoa, nesse momento, o que existe é o que se vê e nada mais. Sugere não haver a menor preocupação com o próximo.

## Arcano III: Mestre Chujiro Hayashi *(mental)*

Verificando a parte mental, há indicação de grande atividade, mas de forma totalmente egoísta.

> *"Evite empregar tempo e dinheiro em coisas que trazem arrependimento."*
> Johnny De' Carli

## Arcano IV: Mestre Hawayo Takata
*(emocional e relacional)*

Do ponto de vista emocional, assinala a paixão, a forte atração física e o prazer sexual. Num enfoque negativo, apresenta-se o egoísmo, o ciúme, a possessividade e a vergonha.

No nível dos relacionamentos, indica poderosa influência sobre os outros; magnetismo sedutor; eloquência. Esta carta reflete forte atração física, desejos, luxúria, a busca pelo prazer sexual, libertinagem; a paixão; dependência; falta de liberdade; intriga e conflitos. Pode sugerir enfeitiçamento.

*"É mais fácil pregar princípios do que viver de acordo com eles."*
Johnny De' Carli

# Traço XVI

A Torre | Ayin

## Arcano I: Imperador Meiji
*(trabalho, material e financeiro)*

No nível de trabalho, pode se apresentar uma situação de transição muito difícil; um desmoronamento, um projeto brutalmente abortado; um escândalo. Uma estrutura antiga que não mais oferece acomodação e que precisa ser dissolvida, pela ação Divina, para que se possa desenvolver de forma mais flexível. No início, algo desconfortável que se traduzirá, mais tarde, em um mal necessário que libertará a pessoa. É uma fase indispensável de reestruturação.

Do ponto de vista material e financeiro, sugere cautela com os gastos e precaução nas atividades e negócios. Pode indicar perdas financeiras, falência, quebra; um empreendimento malsucedido; perda do emprego ou da função.

> *"Nem sempre se ganha.*
> *Esteja preparado para perder de vez em quando."*
> Johnny De' Carli

## Arcano II: Mestre Mikao Usui
*(saúde física e espiritual)*

Com relação à saúde física, existe a possibilidade de uma crise momentânea; uma gravidez precoce ou indesejada; uma enfermidade; um acidente.

No nível espiritual, pode traduzir um momento de libertação através de muita dor e sofrimento. Evolui-se pelo amor e pela dor. Essa dificuldade, depois de superada, trará alívio, pois se deixará a velha armadura por uma roupagem mais leve, ou seja, trata-se de um momento de caos libertador.

## Arcano III: Mestre Chujiro Hayashi *(mental)*

No que se refere à parte mental, assinala uma fase de destruição dos padrões rígidos de pensamentos, que precisam ser reformulados para que haja evolução.

## Arcano IV: Mestre Hawayo Takata
*(emocional e relacional)*

A análise da questão emocional sugere orgulho, arrogância, prepotência, preconceito; insegurança e inquietação.

No nível relacional, pode-se vislumbrar uma separação repentina e traumática; o fim de uma relação que virá acompanhado de muita dor, sofrimento e mágoa. É um momento de desarrumação que, após ser transposto, conduzirá a pessoa a um novo ciclo. Pode indicar, também, paternidade clandestina; hipocrisia desmascarada.

*"Muita gente deve suas glórias aos problemas, contrariedades e obstáculos que tiveram que contornar ao longo de suas vidas."*
Johnny De' Carli

# Traço XVII

A Estrela | Phe

### Arcano I: Imperador Meiji
*(trabalho, material e financeiro)*

No nível de trabalho, esta carta anuncia um período de ascensão, de crescimento e de realização; que os negócios se desenvolvem de maneira promissora; um reconhecimento nos projetos; sugere uma pessoa com muita força e determinação nos momentos de atribulação. Indica que alguém dará um auxílio ou receberá uma inspiração do que deve ser feito no seu trabalho. Num aspecto negativo, aponta uma pessoa com um temperamento inapto para a vida prática.

Do ponto de vista material e financeiro, sugere sucesso.

### Arcano II: Mestre Mikao Usui
*(saúde física e espiritual)*

Com relação à saúde física, pode haver possibilidade de doença; um período de convalescença.

> *"Lembre-se de que ninguém vence sozinho. Tenha gratidão no coração e reconheça prontamente aqueles que o ajudaram."*
> Johnny De' Carli

No que se refere à parte espiritual, traz a força da fé e que a pessoa tem uma boa estrela como guia. Basta somente que confie e deixe fluir a intuição, que fique receptiva para se conectar com a inspiração que virá dos planos mais elevados e que saiba usar, com sabedoria, as energias que o Universo deixa à sua disposição.

### Arcano III: Mestre Chujiro Hayashi *(mental)*

Observando o lado mental, assinala a presença de idealismo, calma e serenidade.

### Arcano IV: Mestre Hawayo Takata
*(emocional e relacional)*

Do ponto de vista emocional, aponta momentos de plenitude, alegria, satisfação, felicidade, confiança, otimismo e esperança.

No nível relacional, assinala a presença de sentimentos fortes e significativos; um relacionamento promissor, pacífico, afetuoso e otimista com relação ao futuro; novos encontros e novas amizades.

*"A intuição é uma bondosa orientação. Confie na sua intuição e siga com ela, esta sempre a conduz ao crescimento e ao objetivo."*
Johnny De' Carli

# Traço XVIII

A Lua | Tzade

### Arcano I: Imperador Meiji
*(trabalho, material e financeiro)*

No nível de trabalho, essa carta não traz boas perspectivas, pois os assuntos não se posicionarão de forma muito clara. Situações duvidosas e conflituosas estarão em evidência. Num enfoque negativo, pode sugerir um escândalo, difamação, uma denúncia; um segredo revelado publicamente.

Do ponto de vista material e financeiro, recomenda bastante cautela. Trata-se de um momento que exige muita observação, interiorização e a necessidade de reavaliar a direção.

### Arcano II: Mestre Mikao Usui
*(saúde física e espiritual)*

Com relação à saúde física, há a possibilidade de desordens mentais ou no sistema nervoso, recomenda-se uma mudança de ambiente. Sugere-se priorizar lugares secos e quentes.

*"Somente o tempo se encarrega de distinguir a verdadeira e a falsa amizade."*
Johnny De' Carli

No nível espiritual, pode indicar a necessidade de "mergulhar" no inconsciente, um retorno a momentos pretéritos a fim de trazer à consciência as "feridas" do passado, aquilo que lhe aprisiona: medos, dores, inseguranças, processos mal resolvidos, muito comuns na infância. Essas questões não permitem seguir adiante na evolução, precisam ser reconhecidas e transmutadas para que se possa trilhar o caminho da libertação.

### Arcano III: Mestre Chujiro Hayashi *(mental)*

No que se refere ao aspecto mental, aponta desorientação; incertezas. Sugere, também, ilusões, sonhos e imaginação que, por vezes, vão além da realidade. Sob um ângulo negativo, traz tendências suicidas. Nesse caso, recomenda-se auxílio profissional e espiritual.

### Arcano IV: Mestre Hawayo Takata
### *(emocional e relacional)*

Analisando o lado emocional, possibilita a presença de medos, preocupações e inseguranças sem razão aparente. Em geral, para este processo, recomenda-se ajuda terapêutica profissional.

No nível dos relacionamentos, esta carta pode indicar uma pessoa romântica, sonhadora; amores platônicos que só sobrevivem na imaginação; fantasias. Numa visão negativa, pode retratar falta de transparência entre os envolvidos; relações egoístas, com muito ciúme, possessividade, desconfianças, que conduzem a um pesadelo psíquico. Sugere mentira, embustes, enganos, decepção, desilusão; ameaça e chantagem.

*"Adote o hábito de não fazer nem dizer nada que não possa ser repetido publicamente."*
Johnny De' Carli

# Traço XIX

O Sol | Cuph

## Arcano I: Imperador Meiji
*(trabalho, material e financeiro)*

No nível de trabalho, pode indicar crescimento, sucesso, realização, triunfo, glória e boa reputação. Um período em que o trabalho será feito de forma prazerosa e satisfatória.

Do ponto de vista material e financeiro, esta carta anuncia prosperidade e benefícios. Sugere que se sairá de qualquer situação adversa que se esteja atravessando.

## Arcano II: Mestre Mikao Usui
*(saúde física e espiritual)*

No que se refere à saúde física, vislumbra-se um período de vitalidade e boa saúde.

No nível espiritual, aponta uma pessoa altruísta, com propósitos elevados, que se encontra num caminho de luz,

*"Para brilharmos, não necessitamos apagar a luz do próximo."*
Johnny De' Carli

de verdadeiro crescimento e com todas as forças positivas favorecendo; o que traz uma consciência plena que conduz à sabedoria. Sugere também uma intuição muito aflorada.

## Arcano III: Mestre Chujiro Hayashi *(mental)*

Com relação à parte mental, indica um período de paz, em que as ideias se apresentam de forma clara e racional, facilitando a compreensão e trazendo intensa criatividade, atividade intelectual e decisões inteligentes.

## Arcano IV: Mestre Hawayo Takata
*(emocional e relacional)*

Do ponto de vista emocional, percebe-se plenitude, um período de muitas alegrias, despreocupações e tranquilidade, em que serão dissipadas todas as dúvidas, desconfianças e angústias.

No nível dos relacionamentos, sugere felicidade conjugal, respeito e solidez. Uma relação calorosa, sincera, de muita paz, harmonia e amor. Transparecem os bons sentimentos, a compreensão e a fraternidade entre os parceiros. Trata-se de um momento favorável às reconciliações.

"Decida-se a sorrir. Seja conhecido como uma pessoa feliz, agradável e alegre."
Johnny De' Carli

# Traço XX

O Julgamento | Resh

## Arcano I: Imperador Meiji
*(trabalho, material e financeiro)*

No nível de trabalho, esta carta indica que algo virá à tona e acarretará mudanças neste plano, trazendo esclarecimentos. Sob qualquer aspecto que ocorra esta descoberta, com sua consequente modificação, a pessoa se sentirá liberta, tranquila, certa de que as coisas estão acontecendo de acordo com um propósito Divino. Num enfoque negativo, a pessoa poderá ficar sujeita à avaliação de outras e ser julgada por suas ações.

Do ponto de vista material e financeiro, sugere um momento em que a situação real ficará muito clara e definida.

*"Nós sempre seremos conduzidos
à verdade para a qual estamos preparados."*
Johnny De' Carli

## Arcano II: Mestre Mikao Usui
*(saúde física e espiritual)*

No que concerne à saúde física, pode indicar estabilidade nas disfunções que estão sendo tratadas. Sugere, também, a descoberta de uma doença ou de sua causa.

No nível espiritual, assinala uma transformação consciente, um chamado à evolução, ao despertar, permitindo que se entre numa nova fase da vida. Trata-se de um momento de cura, de se desfazer das amarras do passado, de se libertar de coisas, que, a princípio, se acreditava resolvidas dentro de si. Trata-se de um profundo resgate de energias ocultas retidas, conduzindo, assim, a um crescimento, uma harmonização, uma nova realidade, ao autoconhecimento, a certeza de saber o que se quer.

## Arcano III: Mestre Chujiro Hayashi *(mental)*

Do ponto de vista mental, aponta clareza e lucidez. Sugere um período de avaliação lúcida dos rumos da existência.

## Arcano IV: Mestre Hawayo Takata
*(emocional e relacional)*

No que se refere ao emocional, transparece o entusiasmo; a exaltação emocional.

No nível dos relacionamentos, esta carta pode indicar que algo até então oculto será descoberto; a relação passa por momentos de transformação, onde tudo ficará muito claro, sendo indispensável uma postura de mudanças de padrões para que haja um reencontro, a fim de que esta relação amadureça e entre numa nova fase de vida. Caso a pessoa esteja só, indica a necessidade de se abrir, a fim de vivenciar novas experiências.

*"A contrariedade é o primeiro passo para a verdade."*
Johnny De' Carli

# Traço XXI

O Mundo | Thau

## Arcano I: Imperador Meiji
*(trabalho, material e financeiro)*

No nível de trabalho, esta carta indica sucesso, profundas alegrias e um bom relacionamento interpessoal. Sugere, também, que o resultado alcançado é ou será o desejado e que a direção está correta; pode-se dar continuidade aos projetos, pois os horizontes poderão ir mais além, há uma tendência rumo à perfeição. O momento é de colher os frutos do trabalho, de reconhecimento e de coroação por mérito. Esta carta anuncia viagens e contatos internacionais; a finalização de um processo ou projeto.

Do ponto de vista material e financeiro, aponta riqueza, realização, grande sorte, êxito completo; férias internacionais merecidas.

> *"Você só consegue mudar o seu mundo exterior mudando o seu mundo interior."*
> Johnny De' Carli

## Arcano II: Mestre Mikao Usui
*(saúde física e espiritual)*

Quanto à saúde física, transparece boa saúde, energia e vigor.

No nível espiritual, indica que um ciclo de vida se encerrou; acúmulo de experiências; resultados positivos e objetivos alcançados. A pessoa encontra-se pronta para iniciar um novo ciclo evolutivo, rumo à iluminação. Pode sugerir inspiração abundante, realização interior, integridade absoluta; elevação do espírito, sentimentos amorosos no sentido altruísta, sem egoísmo; amor à humanidade e tarefas sociais a cumprir.

## Arcano III: Mestre Chujiro Hayashi *(mental)*

Do ponto de vista mental, pode indicar paz; pensamentos positivos; inteligência.

## Arcano IV: Mestre Hawayo Takata
*(emocional e relacional)*

Com relação ao aspecto emocional, assinala um período de profundas alegrias.

No nível dos relacionamentos, esta carta é muito positiva, fala de relações estáveis e do forte sentimento que conduz a uma parceria duradoura e sólida. É a carta da felicidade, da sinceridade no relacionamento. Se a pessoa estiver só, pode indicar uma oportunidade de encontrar alguém.

*"A vida é o que você cria.
Crie coisas boas, você é um criador."*
Johnny De' Carli

# Traço XXII

O Louco | Shin

## Arcano I: Imperador Meiji
*(trabalho, material e financeiro)*

No nível de trabalho, pode indicar uma pessoa preguiçosa, irresponsável, imatura, dotada de despreocupação infantil; com seus negócios enfraquecidos, em decadência e sem muita possibilidade de recuperação; também evidencia uma pessoa aberta às novas experiências e com grande impulso para mudar e abrir novos caminhos; porém, sempre de forma desconhecida, sonhadora. Razão pela qual oferece riscos.

Assinala uma alma repleta de anseios; um espírito aventureiro, sempre pronto a partir, mesmo sem sequer ter uma experiência prévia; sem medo do fracasso ou do desconhecido, que se entrega aos impulsos cegos, com atitudes que não poderão levar a algo concreto. Pode-se dizer que não realiza nada, visto que lhe faltam objetivo e praticidade.

*"O pior de todos os defeitos é não termos consciência deles."*
*Johnny De' Carli*

Não se importa com o que os outros pensam a seu respeito; com falta de conhecimento, ordem e raciocínio em situações de instabilidades e incertezas. Neste momento é necessário seriedade, coerência; assumir compromissos de forma clara, sensata, madura e adotar a postura do sábio ingênuo.

Do ponto de vista material e financeiro, pode assinalar abandono voluntário dos bens materiais, risco de colocar tudo a perder, desprazer, extravagância, passividade, desordem, complicações, incoerência e nulidade.

### Arcano II: Mestre Mikao Usui
*(saúde física e espiritual)*

No aspecto da saúde física, há a sinalização de transtornos nervosos, inflamações, vertigens, labirintites, abscessos, falta de atenção e descontrole do sono.

No nível espiritual, há indicações de transparecer inocência, inconsciência, momento de instabilidade e incertezas. Um novo caminho: embora sem saber para onde ir; apenas que está aberto às novas experiências, a fim de crescer, fazer escolhas e amadurecer; chegando à realização, para só, então, entrar no caminho do aprendizado eterno na busca do autoconhecimento, sem perder a pureza e a simplicidade.

### Arcano III: Mestre Chujiro Hayashi *(mental)*

Do ponto de vista mental, pode assinalar uma pessoa com confusão nessa área e desatenta.

*"Se você acredita que deve continuar a ser do jeito que sempre foi, está na verdade contestando seu crescimento."*

Johnny De' Carli

## Arcano IV: Mestre Hawayo Takata
*(emocional e relacional)*

No que se refere ao lado emocional, há evidências de uma pessoa alegre e espontânea.

No que tange ao aspecto relacional, pode indicar uma pessoa amorosa, festiva, apaixonante, curiosa, pura e inocente; onde o tempo é somente o hoje. Observa-se, também, impulsividade, falta à palavra dada, irresponsabilidade, insegurança, incerteza com os compromissos; sentimentos vulgares e sem duração, infidelidade. Um espírito aventureiro; não realiza, pois lhe faltam objetivo e praticidade; instável, volúvel e irresponsável, tem uma conotação de inconfiabilidade; gosta do novo, de conquistar, de intensas emoções, mas logo se cansa e sai em busca de novidades; pode sinalizar o início de uma relação nada comprometedora.

> *"Nessa vida, podemos plantar livremente, criando, porém, a inevitável consequência da colheita."*
> Johnny De' Carli

## Capítulo 9

# A Comodidade e o Conforto do Consulente e do Tarólogo

Lembre-se de relaxar e descontrair bastante antes do atendimento com o *Tarô do Reiki*. Use roupas confortáveis que poderão ser de qualquer cor, o importante é que estejam limpas e cômodas. Quando o consulente estiver usando uma roupa pesada como *blazer*, terno, jaqueta de couro, etc., pergunte-lhe se deseja tirá-la. O que se pretende, no caso, é somente a comodidade do consulente.

Não há dúvida de que, se o consulente sentar numa boa cadeira, relaxará e ficará mais cômodo.

Se você ainda não tem uma mesa específica para atender com o *Tarô do Reiki*, use uma mesa de jantar ou de trabalho. Crie uma plataforma própria para o atendimento, quando não for possível contar com uma mesa ideal. O piso é o local mais desconfortável para o consulente, mas se for o único local disponível, use-o. Alguns tarólogos preferem trabalhar no chão por se sentirem mais à vontade. Mas lembre-se que pisos e carpetes sintéticos ficam impregnados de energia telúrica.

*"Faça sempre o melhor que puder, dentro de suas possibilidades, onde quer que esteja."*
Johnny De' Carli

Prefira pisos naturais (madeira ou pedras cobertas por tapetes de fibras naturais) e evite o trânsito de pessoas calçadas, se for o caso.

Já presenciei pessoas atenderem com o Tarô em praças públicas, calçadões e feiras esotéricas. Nesse caso, o peso e as dimensões de uma mesa portátil precisam ser levados em conta antes da compra. Será mais difícil locomover uma mesa pesada. Quando escolher a sua, certifique-se de que ela satisfaz todas as suas necessidades, que é bem projetada. Os principais requisitos a serem observados são altura, largura satisfatória, firmeza suficiente, pouco peso, superfície de material resistente, de fácil limpeza e, principalmente, que seja portátil (dobrável) para ser transportada facilmente. Se você tem carro, avalie também se a mesa dobrada permite o transporte no bagageiro ou no banco de trás. Esse móvel é um excelente investimento se você planeja fazer muitos atendimentos de *Tarô do Reiki*.

*Mesa e cadeiras portáteis*

*"Torne sua rotina de trabalho a mais prazerosa possível."*
Johnny De' Carli

Além de uma boa mesa, inclua, em suas aquisições, uma prateleira para água, onde o consulente possa deixar objetos de uso pessoal (pasta, bolsa, celular, etc.). Adquira, também, uma cadeira com rodinhas, do tipo secretária. A cadeira dará apoio suficiente para suas costas e as rodinhas oferecerão liberdade de movimentos.

Atente para a temperatura da sala, que deve ser agradável: nem fria, nem quente demais. Evite correntes de ar sobre o consulente.

Observe a luminosidade. Ela não deve ser muito intensa. O excesso de luz é estressante para o consulente. Uma luz forte pode dificultar o relaxamento do mesmo. A luminosidade deve ser discreta, suave e indireta, sendo aconselhável o uso de um interruptor para regular a intensidade da luz, de preferência, incandescente.

A música suave e meditativa em baixo volume é opcional, tanto para criar uma atmosfera adequada, quanto para oferecer um complemento energético no atendimento. Use músicas suaves e relaxantes, que devem ser escolhidas com cuidado. Cantos gregorianos, sons de pássaros, água, vento, *new-age*. Evite músicas agitadas com ritmos como *rock* ou samba, que agitam a mente. Muitos preferem o silêncio.

O conforto do tarólogo também é fundamental. Se você não estiver cômodo, terá mais dificuldades de sintonizar-se com o consulente. Encontre a posição mais confortável para você.

Para evitar a impaciência, não trabalhe com muita fome ou muita sede.

> *"A boa música faz a conexão entre o mundo espiritual e o material."*
> Johnny De' Carli

# Capítulo 10

# O Tarô do Reiki e o Dinheiro

Muitos querem saber se é ético cobrar, o quanto se deve cobrar, se o atendimento é valorizado e válido sem o pagamento.

Orientais descobriram dois fatores importantes para que um atendimento logre êxito. Primeiro, que o atendimento seja solicitado, respeitando-se o livre-arbítrio das pessoas. Segundo, que haja uma troca de energia pelo tempo do atendimento. Havendo uma troca energética, não obrigatoriamente em dinheiro, o consulente deixa de carregar o pesado fardo de sentir-se endividado, além do fato de algumas pessoas não darem mesmo valor às coisas gratuitas.

As palavras de Jesus, *"não lance pérolas aos porcos"*, mostra-nos claramente o que foi dito acima. Não devemos desperdiçar tempo valioso e esforço pessoal com aqueles que não dão o devido valor ou não se encontram preparados para receber os benefícios.

A matéria representa a base da vida. Uma pessoa que não se alimenta, desaparece deste plano de existência, fica impedida até de amar. Todos precisam viver, alimentar-se,

> *"Pense duas vezes antes de resolver não cobrar pelo seu trabalho, mesmo que seja algo simbólico. As pessoas geralmente não dão valor àquilo que não é pago."*
> Johnny De' Carli

vestir-se, ir ao dentista, ao barbeiro, sustentar a família e tudo o mais. Como atender com o *Tarô do Reiki* com dor de dente, fome, sem vestuário ou local apropriado?

O tarólogo tem o direito de viver dignamente e com qualidade. Um tarólogo não é diferente de um professor de línguas, natação, um fisioterapeuta, acupuntor, advogado, engenheiro, etc. O tempo de dedicação do profissional do *Tarô do Reiki* tem valor de troca equivalente ao serviço prestado. A troca energética pode ser na forma de dinheiro ou de serviços entre as partes. A troca elimina o fardo da pendência e da obrigação, rompe esse laço energético. O dar e o receber de forma justa e equilibrada contribuem para o giro energético e o crescimento de todos. Numa família, a troca energética pode ocorrer na forma de carinho e afeto, ou seja, a troca não tem que ser obrigatoriamente material.

Cada um deve decidir livremente sobre a questão de quanto deve cobrar. Pense o tanto que vale seu tempo, atenção e esforço pessoal; quais são suas necessidades e a sua realidade regional. Existe a opção de trabalhar gratuitamente; é o livre- -arbítrio. É lógico que compromete a si próprio e à família. Uma boa dica seria cobrar por um atendimento com o *Tarô do Reiki* o mesmo cobrado por uma sessão de Acupuntura em sua cidade.

O tarólogo que se dedica tem o direito de cobrar o que acha justo. Cabe ao consulente avaliar e aceitar. Ninguém é obrigado a se submeter a um valor que considera injusto. Ninguém é obrigado a nada.

Quando só se trabalha por dinheiro, a energia do chacra cardíaco (amor incondicional) fica comprometida e o avanço espiritual é prejudicado. Devemos trabalhar com o dinheiro

"*Fazendo a coisa certa, não se importe com o que os outros fiquem pensando.*"
Johnny De' Carli

e não pelo dinheiro. O desejo de ganhar dinheiro deve ser a última coisa para um tarólogo. O dinheiro honesto e digno deve ser uma consequência de um trabalho feito com amor.

O bom tarólogo deve ter bom senso e discernimento para saber a hora de nada cobrar, oferecer descontos ou mesmo presentear uma pessoa necessitada e com poucos recursos, desde que ela aprecie o presente.

*"Em todo lugar haverá sempre alguém que necessita de você."*
*Johnny De' Carli*

e não pela dinheiro. O desejo de ganhar dinheiro deve ser a última causa para um farólogo. O dinheiro honesto e digno deve ser uma consequência de no trabalho feito com amor. O bom farólogo deve ter bom senso e discernimento para saber a hora de nada cobrar, oferecer descontos ou mesmo prescrever uma pessoa necessitada e com poucos recursos, desde que ela aprecie o presente.

## Capítulo 11

# Considerações Finais

O método Reiki tanto pode ser usado isoladamente, quanto como complemento terapêutico convencional ou holístico; as possibilidades para combiná-lo com outras técnicas são infinitas, inclusive com as ciências divinatórias.

Grato por me "escutar" até o final.

*Johnny De' Carli*
Mestre de Reiki

"No Reiki, a verdadeira sabedoria consiste em saber como aumentar nossa felicidade e bem-estar e a de nossos semelhantes."
*Johnny De' Carli*

# Posfácio

Gostaria de parabenizar Johnny De' Carli pela publicação de mais este livro. Acredito que esta obra lançará "luz" sobre os praticantes de Reiki em todo o mundo.

Eu aprecio muito o caráter e a personalidade forte de Johnny, sua curiosidade natural sobre o "Usui Reiki Ryoho", seu esforço sincero e grande vontade para compartilhar a verdade.

Gassho,

**Hyakuten Inamoto**
Fundador da Komyo Reiki Kai – Kyoto/Japão
www.komyo-reiki.jp
www.komyoreikikai.org

*"A maneira mais fácil de crescer é cercar-se de pessoas mais preparadas do que você."*
Johnny De' Carli

# Anexo 1

# Instituto Brasileiro de Pesquisas e Difusão do Reiki

Pessoas interessadas em realizar seminários devem contatar:

Mestre Johnny De' Carli
Home page: www.reikiuniversal.com.br
Email: ritadecarli@gmail.com

Endereço em São Paulo:
Alameda Santos, 2223, conj. 52 – Cerqueira César
São Paulo/SP – CEP: 01.419-101.
Tels.: (11) 3062-9941; (11) 3062-9647 e cel.: (11) 9.9619-2769 (WhatsApp)

Endereço no Rio de Janeiro:
Rua Siqueira Campos, 43 salas 633 e 634 – Copacabana
Rio de Janeiro/RJ – CEP: 22.031-070.
Tels.: (21) 2256-8267 e (21) 2235-3142

Todos estão convidados a conhecer nossas sedes.

*"Houve e ainda há muito que aprender."*
Johnny De' Carli

# Bibliografia

DE' CARLI, Rita de Cássia Lima. *Tarô, Um Caminho de Autoconhecimento*. São Paulo, Editora Isis, 2013.

DE' CARLI, Johnny. *Reiki, Apostilas Oficiais*. São Paulo, Editora Isis, 2013.

DE' CARLI, Johnny. *Reiki, Os Poemas Recomendados por Mikao Usui*. São Paulo, Editora Nova Senda, 2013.

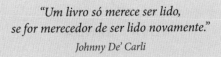

*"Um livro só merece ser lido, se for merecedor de ser lido novamente."*
*Johnny De' Carli*

## Dicas de leitura

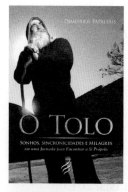

**O TOLO – SONHOS, SINCRONICIDADES E MILAGRES**
Dimitrios Papalexis
Formato: 14 x 21 cm | Páginas: 128

Uma intrigante história onde o protagonista precisa enfrentar sua família e amigos para iniciar uma busca que irá mudar sua vida para sempre, em todos os sentidos. E assim segue para provar a todos e até para si mesmo que não está louco, mas simplesmente respondendo à um chamado maior.
Uma incrível jornada que lhe fará refletir sobre a insatisfação da vida rotineira, sobre a busca espiritual, existencial e de um significado maior num mundo em crise de valores!

**HO'OPONOPONO – MÉTODO DE AUTOCURA HAVAIANO**
Juliana De' Carli
Formato: 14 x 21 cm | Páginas: 128

Neste livro a mestre em Reiki Juliana De' Carli nos apresenta uma de suas grandes ferramentas, o Ho'oponopono. Uma técnica havaiana que existe desde os tempos dos Kahunas, que ensina que o perdão, o carinho, a gratidão e o amor são mais do que um caminho moral, mas também um caminho de cura, crescimento e transformação.

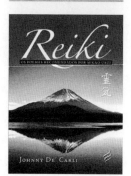

**REIKI – OS POEMAS RECOMENDADOS POR MIKAO USUI**
Johnny De' Carli
Formato: 10,5 x 13 cm | Páginas: 160

Neste livro, Johnny De' Carli nos traz a ligação mais íntima com a energia universal através da inspiração e reflexão com o Imperador Meiji e os poemas que o Mestre Mikao Usui declamava em cada aula, como auxiliarà elevação da consciência e crescimento interior dos seus alunos.